EL SECRETO
PARA
ADOLESCENTES

EL SECRETO
PARA
ADOLESCENTES

PAUL HARRINGTON

ATRIA ESPAÑOL

NUEVA YORK   LONDRES   TORONTO   SÍDNEY

SUSTAINABLE FORESTRY INITIATIVE

Cadena de Custodia Certificada
Promoviendo el Sustento
de Manejo Forestal

www.sfiprogram.org

ATRIA ESPAÑOL
Una división de Simon & Schuster, Inc.
1230 Avenida de las Américas
Nueva York, NY 10020

Copyright © 2009 por TS Production LLC, a través de TS Ltd., Luxembourg Branch.

Copyright de la traducción © 2010 por TS Production LLC, a través de TS Ltd., Luxembourg Branch.

El sello THE SECRET y el logotipo THE SECRET son marcas registradas de TS Production LLC, a través de TS Ltd., Luxembourg Branch.

www.thesecret.tv

Todos los derechos están reservados, incluido el derecho de reproducción total o parcial en cualquier forma. Para obtener cualquier información diríjase a: Atria Books Subsidiary Rights Department, 1230 Avenida de las Américas, Nueva York, NY 10020.

Primera edición en cartoné de Atria Español, junio 2010

ATRIA ESPAÑOL y su colofón son sellos editoriales de Simon & Schuster, Inc.

Para obtener información respecto a descuentos especiales en ventas al por mayor, diríjase a Simon & Schuster Special Sales al 1-866-506-1949 o a la siguiente dirección electrónica: business@simonandschuster.com.

Traducido por Carlos Verdecia

Diseñado por Gozer Studio (Australia), www.gozer.com.au, directed by The Secret.

Impreso en los Estados Unidos de América

10 9 8 7 6 5 4 3 2 1

ISBN 978-1-4391-8089-1
ISBN 978-1-4391-8966-5 (ebook)

*"Lo que este poder es no lo puedo decir.
Lo único que sé es que existe".*

Alexander Graham Bell, inventor

CONTENIDO

AGRADECIMIENTOS   ix

INTRODUCCIÓN   xiv

EL SECRETO REVELADO   4

EL SECRETO SIMPLIFICADO   24

CÓMO USAR EL SECRETO   40

PROCESOS PODEROSOS   54

EL SECRETO Y EL DINERO   72

EL SECRETO Y LAS RELACIONES   88

EL SECRETO Y LA SALUD   108

EL SECRETO Y EL MUNDO   130

EL SECRETO Y TÚ   150

EL SECRETO Y LA VIDA   170

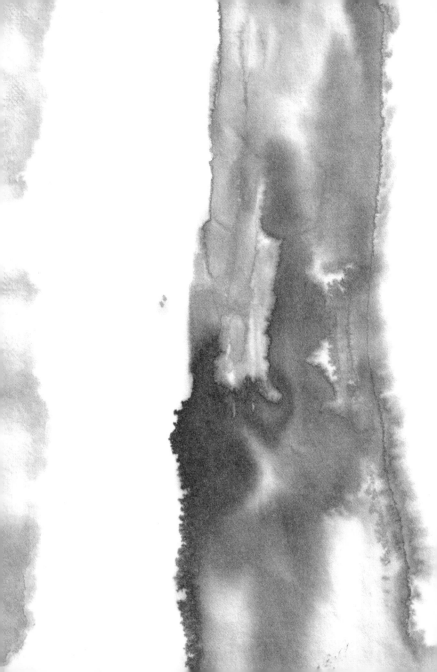

AGRADECIMIENTOS

Esta es la parte aburrida donde el autor se muestra gentil y agradecido y tal vez un poco indulgente consigo mismo...

¿Hola?

¿Estás ahí todavía?

De cualquier modo, como hay tanta gente totalmente merecedora de gratitud honesta y de todo corazón por sus contribuciones a este libro, voy a continuar aunque nadie siga leyendo.

En primer lugar, quiero dar las gracias a Ross McNair, mi compañero conspirador, mi consultor creativo y pilar fundamental durante las primeras etapas de este proyecto. No sólo eso, sino que me diste muchas ideas, puntos de vista, reflexiones y giros lingüísticos, particularmente relacionados con el dinero, la salud, las relaciones y el mundo. Eres un gran maestro y un gran amigo, y te estoy agradecido.

A Colin Lee, de Shift International, por inspirarme y por tu capacidad de persuasión sobre todo. En **EL SECRETO**, destacamos la importancia de PEDIR, CREER y RECIBIR. Pues fue Colin quien pidió este libro. Realmente creyó en la necesidad de un libro sobre **EL SECRETO** para adolescentes, y le estoy agradecido por su entusiasta inyección de ánimo.

A Jim Stynes, por aportar desinteresadamente su tiempo y sabiduría. Al igual que Colin, Reach, la organización de Jim, ofrece los más inspiradores programas para ayudar a adolescentes a alcanzar su potencial y hacer realidad sus sueños. No hay un líder y soñador más inspirador (y además caballeroso) que el Gran Jim.

A Jan Child, por haber apoyado este proyecto hasta su publicación. Además de su valioso consejo y brillantes contribuciones creativas, Jan realmente arriesgó mucho por mí, y eso es algo que siempre recordaré y valoraré.

A los muchos escritores que aportaron sus historias personales: este libro es un testimonio eterno de su coraje, honestidad y disposición de dar y enseñarle a otros todo lo que han aprendido. Les ofrezco mi más humilde gratitud. Entre ellos están: Rachael, Shiri, Michael, Michael, Elizabeth, Tien, Asher, Cassie, Jason, Shannon, Sam, Penélope, Yoshimitsu, KC, y Janice de la Universidad de Northwood.

A Daniel Kerr, quien claramente debió haberse dedicado a ser un investigador privado. Tu trabajo de encontrar y reunir todas las historias que aparecen en el libro fue simplemente maravilloso.

A Skye Byrne por vivir **EL SECRETO** cada día, por tu sabio conocimiento y consejo, y por haber revisado meticulosamente este libro con la sensibilidad que se requiere.

A mi excepcional equipo de diseño creativo, Cameron Boyle y Nic George. El arte atrevido de la portada y sus perspicaces diseños de página elevaron este libro a un nivel totalmente diferente. Ustedes son fenomenales.

Al equipo de Gozer Studio – Shamus Hoare, James Armstrong y Luke Donovan – por el extraordinario diagrama y diseño gráfico, terminado en tiempo récord. Y debo agregar, ¡Carn the Roos! el mejor equipo de fútbol en el mundo entero. (¡Les advertí que esto sería autoindulgente!)

Muchas, muchas gracias al equipo de Simon & Schuster: Darlene DeLillo, Dan Potash, Katherine Devendorf, Carolyn Reidy, Judith Curr y muy especialmente a Bethany Buck, cuyo intenso estilo de martillo de terciopelo aplicado a una edición a la vez severa y sensible logró la combinación perfecta para extraer lo mejor de este escritor.

A mi gran amiga Glenda Bell por incorporarse hace un año a este proyecto y literalmente mantener los lobos a distancia. De no haber sido por tu tremendo apoyo y dedicación, dudo que hubiera podido terminar esto.

A Jessie Oldfield, Tim Patterson y Damian Corboy, cuyas anotaciones, sugerencias, horrendos juegos de palabras y provocadoras conversaciones fungieron a la vez como freno y acelerador, permitiéndome mantener la autenticidad. Un aplauso por eso; se agradece mucho.

A Declan Keir-Saks, una adolescente australiana en Los Ángeles, cuyas notas editoriales lograron mantenerme en la dirección correcta, sin adelantarme demasiado. Gracias.

A los ejecutivos de Chicago, Bob Rainone y Don Zyck, no solamente ejecutivos sino más bien nuestros propios Blues Brothers Secretos, cuya única misión de Dios parece haber sido tomar nuestras ideas locas y entregarlas al mundo.

A Mike Gardiner y sus compadres que cuidan *EL SECRETO*... ¡me siento feliz de decir que ustedes sí *pueden* manejar la verdad! Gracias por mantener vivo el sueño.

A los miembros del equipo de *EL SECRETO:* Andrea Keir, Josh Gold, Raph Kilpatrick, Hayley Byrne, Laura Jensen y Chye Lee; al personal de Chicago: Danielle Likvan, Sibel Rainone, Andi Roeder, Lori Sharapov, Susan Seah, Kyle Koch y Mindy Hankinson; y a los guerreros de la página web: Mark O'Connor, John Herren y Jimmy Palmer... gracias por su infatigable apoyo, sugerencias y aliento.

A mi familia, Megan y Paige, muchas gracias por creer en mí y decirme que tengo onda aunque tenga puesto un traje de terciopelo morado. Y a Asher, mi inspiración adolescente y la razón específica por la que se escribió este libro. Te lo dedico a ti y te agradezco tus comentarios y consejos, y especialmente por no decirme que soy totalmente torpe. Bueno, al menos no todos los días. Más que todo espero que a través de este libro llegues a creer en tus sueños.

Y, por supuesto, a Rhonda Byrne, mi jefa, mi mentora y mi mejor amiga... gracias, gracias, gracias por confiar en mí, creer en mí y por invitarme a emprender esta maravillosa jornada. Tu ilimitada generosidad y espíritu continúan inspirándome y alumbrándome el camino. No hace falta decir que no habría sido posible un *Secreto para adolescentes* si primero no hubiera existido **EL SECRETO**, y gracias especialmente por compartir ese **SECRETO**, no sólo conmigo, sino con el mundo entero. Me regalaste un libro una vez, y me cambió la vida. Ahora te ofrezco yo este libro a cambio. No es de Wallace Wattles, pero te lo entrego con todo mi corazón.

Finalmente, al lector casual que ha tomado tiempo para leer esta cosa esponjosa sin quedarse dormido... apuesto que eres de los que también te quedas hasta el final de las películas para ver los créditos. Me alegro por ti... un poco raro eso, pero bueno, es tu decisión. Pagaste por esto, así que disfruta. Si eres un adolescente, por favor sigue leyendo, abre tu corazón y tu mente a una nueva manera de pensar, de sentir y de ser. Entonces apártate a un lado y observa cómo se hacen realidad todos tus sueños. Te reto a que lo hagas.

Este libro es para **TI**.

Amor y bendiciones,

PAUL HARRINGTON

INTRODUCCIÓN

DIRECTO AL GRANO

Entonces, ¿de que trata este llamado **SECRETO** del que todo el mundo habla? Lo que se dice es que te permite ser, hacer o tener lo que tú decidas. Suena bien, ¿verdad? ¿Demasiado bueno tal vez?

La verdad es que **EL SECRETO** ayuda a traer riquezas a los pobres, abundancia al hambriento, paz a los afectados por la guerra, salud a los enfermos. Pero también ayuda a hacer realidad los sueños. Tus sueños. Quizás no piensas que lo mereces. Pero sí lo mereces. Y, si eres capaz de soñarlo, tienes el poder de hacerlo realidad. De veras.

Puede ser que te parezca obvio, pero la parte más difícil de darle vida a tus sueños es saber exactamente *cuál es tu sueño.*

¿Recuerdas que cuando eras pequeño no tenías límites? Los adultos te preguntaban: "¿Qué quieres ser cuando seas grande?" Y tú respondías: "Astronauta", "Médico", "Bailarín de ballet" o "futbolista". Podías ser lo que quisieras.

Pero cuando creciste aparecieron todas estas presiones, expectativas, demandas, limitaciones. Te bombardearon con argumentos que impedían darle vida a esos sueños. La gente empezó a decirte que no eras lo su-

1

ficientemente inteligente, lo suficientemente fuerte, lo suficientemente bello, lo suficientemente bueno. Era como si las ambiciones de tu vida hubieran sido de cierto modo secuestradas por el mundo adulto.

Entonces… ¿qué pasaría si existiera un **SECRETO** que te permitiera vivir tus sueños? ¿Qué pasaría si pudieras regresar a aquel tiempo en tu vida en que no había límites para lo que pudieras ser? ¿Y qué pasaría si descubrieras que tienes el poder para hacer realidad tus sueños, ir adonde quieras, hacer lo que quieras, ser todo lo que decidas ser?

¿Te interesaría?

Entonces… ¿quieres saber un **SECRETO**?

EL SECRETO REVELADO

REVELADO

¿CUÁL ES EL GRAN SECRETO?

Bueno, pues te han mantenido en la oscuridad demasiado tiempo. Es hora de saber la verdad, la realidad de los hechos. Y la verdad es que este gran **SECRETO** del que has oído hablar... de veras te da el poder para permitirte ser todo lo que seas capaz de ser y lograr todo lo que quieras lograr.

Los milagros de salud, el éxito, las relaciones, la felicidad, la libertad, el amor... todas estas cosas están a tu alcance una vez que conozcas **EL SECRETO**.

Entonces, ¿qué es **EL SECRETO** exactamente?

Según la ciencia, existen ciertas leyes que gobiernan el Universo. Está la ley de la gravedad: todo lo que sube debe bajar. Y está la ley de relatividad de Einstein: todo en el Universo está hecho de energía. Y está también la "teoría de cuerdas": todo en el Universo vibra, todo tiene su propia vibración.

Pero la ley más poderosa en todo el Universo es... *la ley de atracción.*

EL SECRETO es la *ley de atracción.*

Todo lo que pasa en tu vida se reduce a la atracción. Tú atraes todo lo que te ocurre. Hasta la cosa más insignificante. No importa que sea totalmente fenomenal o verdaderamente terrible. Todo tiene que ver contigo.

Y lo haces con el poder de tus pensamientos. Cualquier cosa que pienses es lo que se da, lo que sucede.

UNA FUENTE UNIVERSAL DE PODER

Es que tus pensamientos son como una fuente Universal de poder, una fuerza de la naturaleza. Traes a tu vida lo que piensas. Estás creando tu vida de acuerdo con lo que te está pasando por la mente en este preciso momento. Claro, esto puede parecerte trucos mentales sobrenaturales, pero es totalmente real. Las principales religiones del mundo coinciden en esto, incluyendo el hinduismo, el judaísmo, el cristianismo, el budismo y el islamismo. Y en los últimos cinco mil años muchas civilizaciones y culturas han recurrido también al poder de los pensamientos mediante esta gran ley Universal.

Pero dejemos las lecciones de historia. Por ahora sólo tienes que saber una sola cosa: la ley de atracción dice que *los semejantes se atraen mutuamente.* Eso es lo definitivo, la esencia fundamental de esta ley Universal.

Es como el dicho: "Pájaros de la misma bandada". O sea, una bandada de pájaros es como un grupo de amigos. Se agrupan por todo lo que tienen en común. Les gusta andar juntos porque son similares y tienen los mismos gustos. Los semejantes se atraen mutuamente. Esa es la ley de atracción en acción.

Claro, no se trata necesariamente de que tengan un parecido exacto o que sean idénticos. Tus amigos no son clones. No se parecen, pero casi seguro que *piensan* igual, y esta es la razón por la que les gusta andar juntos. Los semejantes se atraen mutuamente. Esa es la ley de atracción.

Y según la ley de atracción, el poder radica en pensamientos tuyos que generan toda atracción. Por ejemplo, ¿te ha venido a la mente alguna vez una canción? Y, sin darte cuenta, te pasas el día pensando en esa canción hasta que la canción se te queda grabada en la mente. Y terminas oyendo la canción donde quiera que vayas porque llega el momento en que estás totalmente obsesionado. Y es que ahora estás atrayendo la canción – en el centro comercial, en la escuela, en televisión – dondequiera que estés. Tu mente está atrayendo esa canción.

LOS PENSAMIENTOS SE CONVIERTEN EN ALGO

La ley de atracción significa que tus pensamientos se convierten en algo.

Increíble, ¿verdad? Es como si la vida que estás viviendo responde a lo que estás pensando.

> *"Si de todos modos vas a estar pensando,*
> *lo mejor es que pienses en grande".*
> Donald Trump, empresario de bienes raíces

Tal parece que la gente de éxito conoce estas cosas por instinto. No ocurre así con los que enfrentan adversidad.

Por eso atraen fracasos. De un modo u otro, tú creas tu propia realidad, tu buena suerte y también tu *mala* suerte. Todo se reduce a tus pensamientos.

Bueno, sigamos avanzando. La ley de atracción es realmente responsable por *todo.* Todas las cosas que están pasando en tu vida se reducen a lo que estás pensando. Y aunque no te des cuenta, siempre estás pensando. Cuando estás viendo televisión, cuando estás en el Internet, entretenido con juegos de vídeo o simplemente mirando el reloj en la escuela, nunca dejas de pensar. Y lo que estás pensando está creando tu vida futura. Tu vida actual es un reflejo perfecto de lo que has pensado anteriormente. Es como estar pagando por cosas que pasaron mucho antes. Lo que estás pensando *en este momento* lo atraerás inevitablemente después como tu vida futura.

> *"Todo lo que somos es el resultado de lo que hemos pensado...*
> *Nos convertimos en lo que pensamos".*
>
> Buda, maestro espiritual

LO BUENO, LO MALO Y LO FEO

Todo lo que ocurre – sea bueno, malo, alegre o triste – tiene que ver con la ley de atracción. **ERES TÚ** quien lo atrae. Por ejemplo, te encuentras cinco dólares en la calle. **TÚ** lo atrajiste. Alguien con quien perdiste contacto te invita a ser su amigo en Facebook. **TÚ** lo atrajiste. O tal vez encuentras por pura casualidad una increíble venta especial de ropas. La talla precisa, la última pieza en la tienda. *TÚ* lo atrajiste todo.

Y, de igual manera, aquello que no te interesa tanto – como un examen cuando no has estudiado, o un grano en la cara cuando tienes una cita con la persona que te gusta – *TÚ* atrajiste eso también.

Claro, tú piensas: *"¿Cómo pude yo crear un grano en la cara? ¿Cómo es que atraigo eso?"*.

Bueno, la cuestión es la siguiente. Recuerda que Einstein descubrió que todo en el Universo está hecho de energía. De modo que todo lo que ves, lo que tocas o pruebas o lo que tienes, todo está hecho de exactamente lo mismo: energía. Más allá de las moléculas y los átomos y los electrones y lo que sea, a un nivel menor que microscópico, todo es simplemente energía. Incluyéndote a *TI.*

Pero, aquí tienes otra increíble realidad: tus *pensamientos* también son energía.

Piensa en esto: los médicos realizan pruebas de electroencefalogramas y escanogramas del cerebro para medir la energía que genera tu actividad cerebral. Tu cerebro trasmite energía con cada pensamiento. De modo que tus pensamientos en realidad *son* energía.

> *"La energía de la mente es la esencia de la vida".*
> Aristóteles, filósofo

Y cuando este pensamiento-energía, o *vibración* que trasmites, está en perfecta sincronización con lo que estás pensando, creas una poderosa atracción magnética.

Los semejantes se atraen mutuamente. Es totalmente insólito que atraigas todo lo que piensas.

CONTROL TOTAL

Otra manera de ver esto es que eres una especie de control remoto del Universo. Normalmente, un control remoto puede sintonizarnos con la televisión, el trasmisor de películas, el trasmisor de MP3, la consola de juegos y el sistema de audio. Con un clic, una señal de rayos infrarrojos cambia el canal, sube el volumen, toca música, o hace funcionar un juego o una película. Hace simplemente lo que tú quieres que haga. Todo con el simple envío de una señal diferente.

Pues tú eres aún más poderoso porque puedes controlar toda tu experiencia. Tal como lo hace el control remoto, todo lo que tienes que hacer es enviar una señal diferente.

Digamos, por ejemplo, que has tenido un desacuerdo con tus amigos y nadie quiere hablar contigo. Tus pensamientos se llenan de amargura, resentimiento y soledad. Y eso es lo que sientes. Para cambiar de canal, cambiar lo que sientes, necesitas trasmitir una nueva señal. Tienes que tener pensamientos alegres, felices y amistosos. Entonces tus amigos cambiarán su actitud.

Y así puedes cambiarlo todo. Todas las experiencias de tu vida y el mundo que te rodea. Es realmente como cambiar de canal. Pero en lugar de una señal infrarroja, lo haces mediante el poder de tus pensamientos.

ATRAES LO QUE PIENSAS

La realidad es que atraes a tu vida aquello que más ocupa tus pensamientos. Y también te *conviertes* en lo que más piensas. ¡Por lo cual es extremadamente importante que pienses en las cosas que más deseas!

> *"El hombre es producto de sus pensamientos.*
> *Se convierte en lo que piensa".*
> Mahatma Gandhi, líder espiritual

El problema es que, igual que la mayoría de la gente, dedicas demasiado tiempo a pensar en las cosas que te van mal en la vida. O en aquello que no deseas. ¿Y el resultado cuál es? Suceden esas cosas malas. Peleas con tus padres. O no puedes enviar un texto. Entonces te pones a quejarte de las cosas que te pasan. ¿Y qué ocurre? Suceden *más* cosas malas.

LO QUE DEBES HACER Y LO QUE NO DEBES HACER

Cualquier cosa que pienses te va a suceder. Esa es la ley. Y si te esfuerzas por pensar en las cosas buenas de la vida – las cosas que te gustan, las cosas que quieres que ocurran – eso es lo que vas a atraer. Eso es lo que sucederá. Porque conoces el dicho: "Las cosas pasan". Lo que tienes es que asegurarte de que sean buenas las cosas que pasen.

Algunas personas, aun después de conocer **EL SECRETO**, cometen el clásico error de pensar en cosas que **no** desean. Tales como:

- **No** quiero que me rechacen.

- **No** quiero sacar malas notas.

- **No** quiero aumentar de peso.

Pero observa como, en cada caso, están pensando en lo que no desean. Si haces eso, te vas a estresar. Vas a emitir vibraciones estresadas. Y entonces vas a atraer exactamente lo que no deseas. Es como si dijeras:

- **Quiero** que mi pareja me deje y me humille públicamente.

- **Quiero** que mi mala nota se haga pública para que toda la escuela la vea.

- **Quiero** que se me rompan mis jeans favoritos.

Simplemente no puedes pensar de esa forma y esperar que no ocurran esas cosas. Tienes que cambiar el tono para reflejar y proyectar exactamente lo que **tú deseas**. Por ejemplo:

- Soy popular y tengo muchos amigos fenomenales.

- Siempre me va bien en mis exámenes.

- Luzco estupendamente bien en toda mi ropa.

Y eso es lo que vas a atraer. Eso es lo que serás.

NADA DE PEROS

La ley de atracción te da siempre exactamente lo que *estás pensando*. Pero sin "condicionales", "peros" ni cosas "indeseables".

Esto puede interpretarse como que el Universo es selectivo en lo que oye. Como cuando tu papá le pide a tu hermano o hermana que saquen las cosas al envase de reciclaje y ellos juran que nunca se les pidió tal cosa.

Pero es más como si te concentraras en una palabra clave. Como en los sitios de búsquedas de Google, Yahoo, iTunes o cualquier otro.

Digamos que estás buscando música en el Internet. Pero no te gusta la música punk, emo o pop. Entonces escribes algo como "*NO* Fall Out Boy, My Chemical Romance o Katy Perry".

Lo que vas a encontrar es que la búsqueda ignora totalmente el "*no*" y se concentra en las palabras clave. Te dará cientos de sitios de estos artistas. Exactamente lo que tú *no querías*. Sólo lograste lo que indicaba la palabra clave y nada más.

Y lo mismo ocurre con la ley de atracción. Siempre vas a atraer las palabras clave. El tema clave de tus pensamientos. Piensas y te obsesionas con algo que no quieres que te ocurra. Pero te ocurre igual. ¿Y por qué pasa eso? Porque te concentraste en aquello que no deseabas. Por lo cual el Universo conspiró para darte precisamente eso. El único modo de obtener lo que realmente deseas en la vida es concentrarte exactamente en lo que **realmente deseas**.

HÉROES

Shane Gould

Una niña de quince años llamada Shane Gould llegó a las Olimpiadas después de haber roto el récord mundial de natación en todas las distancias, desde 100 metros hasta 1500 metros. Era un fenómeno que el mundo nunca había visto antes.

Al llegar a las finales olímpicas, Gould se enfrentó a sus principales rivales, que llegaron a la piscina vistiendo camisetas que decían en inglés: "No todo lo que brilla es oro", usando un juego de palabras que remplazaba la palabra oro en inglés (gold) con el nombre de la nadadora (Gould). Piensa en eso: ¡verdaderos nadadores de categoría mundial, aspirantes a la medalla de oro, utilizando provocaciones psicológicas! ¿Y cuál fue el resultado de su habladuría barata? Gould se convirtió en la primera nadadora en ganar tres medallas de oro individuales en las Olimpiadas, todas rompiendo récords mundiales.

Lo que nos enseña la historia de Shane Gould – al menos desde la perspectiva de sus contrincantes – es que uno simplemente no puede concentrarse en lo que uno no desea (en su caso, que Gould ganara el oro). Porque eso es lo que vas a lograr. De modo que no te preocupes porque otros ganen el oro. Concéntrate en ganar tú.

MI LLAMADA VIDA

A veces dejamos que la vida nos hunda. Caemos en un estado depresivo cuando las cosas no resultan como nosotros quisiéramos. Y de ahí todo desciende en espiral. Los pensamientos negativos atraen una situación negativa. Más pensamientos negativos atraen condiciones aún peores. Y antes de que te des cuenta, te encuentras amargado, furioso y sumergido en la desgracia.

¿Has notado alguna vez que las personas negativas y furiosas que encuentran muchas razones para quejarse y que andan quejumbrosas la mayor parte del tiempo terminan sintiéndose desdichadas *todo* el tiempo? Tienen mala onda. Y generalmente se ven rodeadas de otras personas igualmente negativas y furiosas. Eso es lo que atraen. Ésa es su vida.

> *"La gente negativa es capaz de socavar tu energía muy rápidamente, además de arrebatarte los sueños".*
> Magic Johnson, campeón de baloncesto

Pero también hay gente relajada y amistosa que siempre le busca el lado bueno a las cosas. Viven vidas felices y generalmente están rodeados de personas igualmente felices y relajadas. Todo obra en función del pensamiento. Tu vida es en realidad un reflejo de las vibraciones y pensamientos que albergas.

Así que, ¿qué tipo de vida prefieres? ¿Cuáles son tus pensamientos primordiales? ¿Cuál es tu onda?

LA LEY NO FALLA

Todos atraemos algo con cada pensamiento, y la ley de atracción no falla. Si te parece que la ley te falla porque no logras lo que deseas, lo cierto es que no te falló sino que ésa fue su respuesta. Si no tienes lo que deseas es porque tus pensamientos deben de haberse concentrado en la *ausencia* de lo que deseas. Notaste que lo que deseas no te llegó y eso produjo otra atracción. La atracción de *no* recibir lo que deseas.

Es igual que cuando eres parte de un equipo deportivo: béisbol, fútbol, lacrosse, el que sea. El día del primer juego, cuando aparece en la pizarra la lista de los jugadores, ves que tu nombre no está entre los abridores. Te enojas con el entrenador. Comienzas a desarrollar una actitud negativa. Cada semana revisas la lista de los abridores. Y cada semana, tal como lo sospechabas, tu nombre no aparece en la lista. ¿Por qué pasa eso? Porque estás reaccionando a la ausencia de lo que deseas. Estás reaccionando a la decepción de no jugar como abridor. Estás enviando una onda poderosa: "No soy parte del equipo". Y el Universo responde a través de tu entrenador y compañeros, dejándote "fuera del equipo". Si sigues con esa conducta, eventualmente te eliminarán del equipo totalmente. Y eso no es lo que tú quieres. Por el contrario, tienes que pensar: "***ESTOY*** en el equipo", aunque sea entre los abridores o calentando el banco. Porque en todas las circunstancias, con todo, tienes que concentrarte en lo que realmente deseas, no en lo que no deseas.

SOMOS IMANES

Un poco más de ciencia. Vivimos en un Universo electromagnético. Todo atrae. Eso te incluye a ti, a mí, a todos. Todo en el Universo es magnético. Es más, como imanes atraemos aquellas cosas que más nos gustan. Todo lo que nos llega en la vida lo hemos atraído magnéticamente.

Y como los pensamientos también son energía, con su propia vibración y propiedades magnéticas, esto quiere decir que tus pensamientos atraen cosas. Tus pensamientos se convierten en cosas. Y por lo tanto tu mente le da forma al mundo que te rodea. Nuestros pensamientos son como un imán que atrae cosas a nuestra vida.

No te inquietes si no entiendes estas cosas técnicas. En definitiva, no necesitas saber cómo arrancar un reactor de fisión nuclear para encender la luz en una habitación. Lo único que necesitas es un poco de fe en que va a funcionar y que puedes utilizarlo para ser, hacer o tener lo que tú decidas.

HISTORIAS REALES
El secreto de Rachael

Cuando yo estaba en tercer grado, le dije a mi madre que quería ir a la Universidad de Notre Dame. Recuerdo que a los trece años asistía a reuniones en que explicaban los requisitos para entrar en la universidad. Así de intenso era mi deseo. Notre Dame no acepta a estudiantes simplemente por sacar una buena nota en el examen de SAT.

Hace falta mucho más. Yo conocía los requisitos y usé ese conocimiento para mi beneficio.

Le dije a todo el mundo con quien hablaba, amigos nuevos o viejos, que yo iba a estudiar en la Universidad de Notre Dame. La respuesta era SIEMPRE la misma: "Oye, ¿no es esa una universidad difícil de entrar? ¿No se necesita que seas especialmente inteligente?". Me deseaban buena suerte en un tono que parecía añadir: "La vas a necesitar". Nunca dejé que eso me desanimara.

Antes de cada partido de fútbol, Notre Dame ponía un comercial en televisión que mostraba a una joven llevando "la carta" al buzón del correo. YO LLORABA CADA VEZ que lo veía (porque podía SENTIR intensamente lo que iba a sentir yo cuando me llegara ese día).

Cuando llegó el momento de solicitar mi ingreso, me sentí más estresada que nunca en mi vida. Pero seguía diciéndole a la gente que yo iba a estudiar allí. A veces me venía a la mente un pensamiento que me decía: "¿Qué va a pasar si después de decirle a todo el mundo que voy a estudiar allí no logro entrar?". Y cada vez que tenía ese pensamiento me detenía y decía: "NO, no voy a permitirme tener esos pensamientos". Y continuaba imaginando y experimentando lo que iba a sentir cuando llegara a la casa un día y viera la carta sobre la mesa.

El día 28 de marzo del 2008 recibí una llamada de mi padrastro diciéndome que viniera a la casa "INMEDIA-TAMENTE". Cuando llegué, vi el sobre y sentí todo lo que había sentido antes, aunque en mayor magnitud.

La carta decía: "Bienvenida a tu casa".

Nunca antes en mi vida había deseado algo tanto. Nunca he SABIDO algo con mayor intensidad. YO SABÍA que Notre Dame era el lugar para mí, mi casa. (Imagino que Dios, y el Universo, también lo sabían).

Rachael, 18 años
Indiana, EE.UU.

CARPE DÍEM – APROVECHA TU DÍA

Muchas personas viven en el mañana en lugar del día de hoy. Es como si la vida comenzara cuando obtienes la licencia de conducir, o cuando te gradúas, o cuando te mudas de la casa de tus padres. Todo se reduce a *cuando, cuando, cuando.* Pero eso no es vivir el día de hoy.

Una gran parte del ***SECRETO*** es que todo tu poder se concentra en el día de hoy, en el momento, en este preciso instante, *ahora mismo.* Lo que más pienses o en lo que más te concentres ahora se convertirá en tu vida futura. Es como recibir el pago por algo que hiciste *no* hace mucho tiempo. En otras palabras, no puedes estar enojado y frustrado hoy y esperar que las cosas mejoren mañana. Concéntrate en el día de hoy, logra sentirte satisfecho *ahora,* porque es la única manera en que tus sueños del mañana se hagan realidad.

"Somos creadores de música,
Y somos soñadores de sueños".
Arthur O'Shaughnessy, poeta,
citado en Willy Wonka y la Fábrica de Chocolate

Puede que estés pensando: "Espera. No estoy listo aún para vivir mi sueño. Ni siquiera he *averiguado* cuál es mi sueño".

Bueno, pues vamos a ocuparnos de eso ahora mismo.

EL SECRETO ELEMENTAL

¿Qué es lo que *quieres* hacer? ¿Qué es lo que *quieres* ser?

¿No sabes? Tranquilo. Esas son preguntas muy profundas. Aunque es probable que la respuesta haya estado todo el tiempo delante de tus narices. Todo lo que tienes que hacer es estar consciente de las cosas que realmente te motivan. En serio. Lo más probable es que lo quieres hacer y la persona que se supone que eres tengan que ver con aquello que te motiva en este momento. Así que...

Toma una libreta y escribe una lista de las cosas que te interesan, las cosas fabulosas que te dejan boquiabierto y realmente te hacen reaccionar con emoción.

No te sientas presionado. Simplemente anota cualquier cosa que te guste hacer, o que realmente ansíes hacer. Puede que tenga que ver con tus estudios. O cosas que haces con tus amigos. A lo mejor es algo que haces por tu cuenta. O algo que siempre has querido hacer. Cualquier cosa que te venga a la mente, anótala.

Hazlo. Ahora mismo.

. . . . . .

No lo hiciste, ¿verdad? Apuesto que pensaste: "Bueno, lo hago en otro momento". Pues éste *es* el momento. Este es tu momento. Esta es tu gran oportunidad de lanzarte, de brillar.

> *"Mucha gente tiene miedo de expresar lo que quiere.*
> *Por eso no logran lo que quieren".*
> Madonna, cantante y actriz

Lo cierto es que la mayoría simplemente sigue la corriente. Se mantienen dentro de la manada. Pues bien, eso depende de ti. La decisión es tuya. Puedes ser un simple seguidor y recibir lo que reciben todos. O puedes separarte y tomar lo que es tuyo.

¿Te gusta esa idea? Magnífico. Haz entonces una lista de las cosas que te motivan, que te hacen sentir fenomenal. Hazlo. ¿Qué puede pasar?

Para estimular tu creatividad, aquí hay algunas sugerencias tomadas al azar:

- Actuar
- Los animales
- El arte
- Escribir blogs
- Los negocios
- Los automóviles
- Las computadoras
- Bailar
- El medio ambiente
- La moda
- Los juegos
- La salud
- La historia
- El periodismo
- Las motocicletas
- El cine
- La música
- La política
- Las ciencias
- Cantar
- Las patinetas
- Los deportes
- Surfing
- La tecnología
- El trabajo voluntario
- Escribir

Si tu pasión no aparece en la lista, no te preocupes. Simplemente sé fiel a ti mismo y haz tu propia lista. Para que te sea más fácil, visualízate haciendo cada una de las cosas que te interesan. Imagina con todos tus sentidos – la vista, el oído, el olfato y el tacto – la emoción, la motivación. ¿Qué momentos te hacen sentir mejor?

Ahora reduce la lista a tus tres cosas favoritas. Sé decisivo. Sé firme.

Muy bien. ¿Terminaste?

¡Ahora lánzate! Porque esas tres cosas son tu propósito, tu pasión y tu motivación en la vida.

Y *eso* es lo que la vida es. Este es tu poder **SECRETO.** *¡EL SECRETO* revelado!

EL SECRETO SIMPLIFICADO

DESGLOSANDO LA "S" MAYÚSCULA

Bueno, pues ahora ya conoces la ley de atracción. Y para algunos de ustedes, toda esta habladuría sobre leyes puede hacerlos pensar: "Bueno, pero no todas las leyes se aplican a mi caso".

Pero la ley de atracción se aplica a cualquiera y a todo. No puedes violar esta ley. Y no puedes evitarla. En cambio, cuando asumes la ley de atracción, puedes hacer lo que quieras hacer y ser lo que quieras ser. No importa tu religión, raza, etnia, edad, género o nivel económico.

Eso es porque la ley de atracción es Universal. Igual que la ley de gravedad. Se aplica igualmente a todas las personas sin importar quién eres o de dónde saliste. Y eso significa que no existe un estrechón de manos secreto que te libere de ella aunque seas rico o famoso.

Considera el caso de Tony Hawk. A pesar de ser el rey de la patineta, sufre fracturas y lesiones. Eso es porque la gravedad no practica favoritismos. Ni siquiera con patinadores famosos que tienen contratos lucrativos de promoción. Con nadie. La gravedad es una ley Universal que se aplica a todos por igual. Y lo mismo ocurre con la ley de atracción.

NO ES JUSTO

La otra cosa que se pregunta la gente es: ¿Cómo se explican todas esas cosas malas que suceden? Las cosas que se ven en los noticieros. ¿Dónde está la ley de atracción en todo eso?

Pues la triste realidad es que las víctimas de tragedias no pidieron ese destino (y no lo merecen). Probablemente ni siquiera sabían que eran capaces de atraer esas cosas. Pero así y todo, existe una atracción. Y es que no hace falta que conozcas la ley de atracción para que funcione. La mayor parte del mundo funciona en piloto automático.

Míralo de esta manera: escuchas música en un trasmisor MP3 o en un iPod, un teléfono celular, en lo que sea. Seleccionas una lista de canciones o prefieres oír pieza por pieza, y atraes sólo lo que quieres, cuando lo quieres. Por otra parte, puedes optar por escuchar al azar. En esa forma el aparato te toca canciones al azar en cualquier orden, te gusten o no las canciones, y recibes lo que te dan sin que puedas escoger.

Muchas historias tristes y trágicas que vemos en los noticieros nos llegan así. Las personas que no conocen **EL SECRETO** atraen cosas de manera automática. Están disponibles y, sin proponérselo, atraen cosas que no desean. Han sido condicionados a creer que reciben lo que la vida les da, sea una canción al azar que no quieren oír o un tornado en la puerta de su casa.

¿Cómo evitar estas tragedias? La solución es simple: no estés disponible. Desarrolla tus propias atracciones pensando por ti mismo. Crea tus propios pensamientos de esperanza y optimismo, y deja que esos pensamientos tomen vuelo para tomar control de tu propio futuro.

> *Tienes una opción en este instante. ¿Prefieres creer que es pura suerte y que te pueden pasar cosas malas en cualquier momento? ¿Prefieres creer que puedes estar en el sitio equivocado a la hora equivocada? ¿Qué no tienes control de las circunstancias?*

> *¿O quieres creer y **saber** que la experiencia de tu vida está en tus manos y que sólo lo que es **bueno** puede llegar a tu vida porque ésa es tu forma de pensar? Tienes una opción, y cualquier cosa que decidas pensar se **convertirá** en la experiencia de tu vida...*

> *Tu vida está en tus manos. No importa dónde estés ahora. No importa lo que te ha pasado en la vida. Puedes comenzar a seleccionar conscientemente tus pensamientos, y puedes cambiar tu vida.*

Rhonda Byrne
EL SECRETO

"La suerte no es más que recibir una oportunidad
y estar preparado para ella".
Denzel Washington, actor

¿QUÉ ES LO QUE TENÍA EN LA CABEZA?

Otra razón por la que la gente se siente estresada cuando está consciente de **EL SECRETO** es el temor a tener que permanecer concentrada en sus pensamientos *todo* el tiempo. *Buenos* pensamientos... *Malos* pensamientos... *Desear*... *No* desear... ¡Es horrible!

Escucha: tienes al menos sesenta mil pensamientos al día. Y con esa cantidad de pensamientos saltándote en la cabeza te puede parecer muy difícil controlarlos. Lo que *puedes* hacer es concentrarte en la manera en que te sientes.

Porque, si te sientes bien, no puedes evitar tener buenos pensamientos. Y esos pensamientos buenos atraen más pensamientos buenos, lo cual te hace sentir mejor todavía y genera atracción para recibir cosas magníficas. Te das cuenta entonces de que estás en una buena racha, una ola de suerte, un día perfecto.

Pero si te sientes estresado o deprimido, esa es una señal de que tus pensamientos están navegando en aguas oscuras. Y eso conduce a menudo a una espiral de malos pensamientos y malos sentimientos. Las cosas van de mal en peor y se produce un círculo vicioso, un día muy malo.

Es igual que cuando algo sale mal por la mañana: que no haya agua caliente en la ducha, o que la leche del cereal esté dañada. A partir de ahí, todo sencillamente desciende en espiral y sucede un problema tras otro.

Tal vez no te das cuenta de que todo comenzó con un pensamiento malo. Ese pensamiento malo atrajo más pensamientos y sentimientos malos hasta que algo malo sucedió. Lo cual atrajo una mala reacción y más pensamientos y sentimientos malos. Entonces de repente toda tu onda está trabada en esta reacción en cadena de malas atracciones. Estás atascado en una mala racha.

Así que, si alguna vez te encuentras en uno de esos días, debes comprender que no ha sido provocado por todo lo malo que te está pasando. Eso no es más que el efecto causado por tus sentimientos y lo que estás pensando. Y una vez que aprendas eso, podrás arreglar un día malo simplemente cambiando tu manera de pensar y de sentir.

La idea es mantenerte alerta y preguntarte: "¿Cómo me siento? ¿Cómo está mi onda?". Si estás repleto de entusiasmo, atraerás cosas fabulosas. Pero si te sientes furioso, resentido, deprimido o con miedo, tus pensamientos serán sombríos... y así será lo que atraerás.

HÉROES

Daniel Johns

Los tres miembros de la banda grunge Silverchair irrumpieron en el mundo de la música cuando eran apenas adolescentes. Aclamados mundialmente, su éxito repentino tuvo su precio. El cantante y compositor principal Daniel Johns se estresó de mala manera bajo la enorme presión de la industria musical, las giras, las grabaciones, la publicidad, las demandas de tiempo y las expectaciones de más triunfos. Y peor aún, unos delincuentes llenos de odio lo reconocieron en la calle y lo asaltaron. Se tornó hosco, padeció de ansiedad, y desarrolló un trastorno que lo hacía comer en exceso.

Lógicamente, Johns llegó a odiar la música, aunque continuó cantando contra su voluntad. De hecho, las canciones sobre ansiedad juvenil que cantaba no eran del todo actuadas. Prácticamente se estaba ahogando en ella. Fue entonces que tomó la decisión de no seguir sintiéndose así. Más importante aún, no quería producir música sintiéndose de esa manera. Entonces hizo algo totalmente inesperado. Borró las cintas magnéticas originales del álbum Diorama que acababa de grabar con su grupo Silverchair. ¡Todas las pistas! Les explicó a sus compañeros de la banda que era crucial sentirse bien durante el proceso creativo. Si no, ¿qué es lo que estás creando? ¿Qué estás atrayendo?

Daniel Johns cambió su manera de pensar, sus emociones y vibraciones. Entonces volvió a grabar el álbum completo con su banda Silverchair. Ese álbum Diorama se convirtió en el disco de mayor éxito del grupo en toda su carrera. Todo gracias a Daniel Johns por haber decidido cambiar sus pensamientos y, más importante aún, sus sentimientos.

Tus pensamientos crean la atracción. Tus pensamientos son el poder, la energía, el imán. Tus pensamientos son la causa principal de todo lo que te ocurre. Pero son tus sentimientos los que te dicen si tus pensamientos están atrayendo la buena vida o la están bloqueando.

Si tus sentimientos te dicen que tus pensamientos están atrayendo cosas malas, entonces obviamente es hora de que cambies tus pensamientos. Los malos sentimientos y un descenso en tus vibraciones actúan como un sistema de alarma. Son como una sirena sonándote en la cabeza.

HAY QUE CAMBIAR

De modo que cuando tus vibraciones estén en picada y te digan que tus propios pensamientos te están bloqueando la buena vida y están atrayendo cosas malas, sabes que hay que cambiar. ¿Pero cómo hacerlo? La respuesta es simple: hay que hacer lo que sea necesario. Simplemente busca la manera de cambiar la manera de sentirte. Rompe el ciclo. Haz algo diferente.

Tal vez puedas irte a patinar, montar en bicicleta o trotar. Cualquier tipo de ejercicio. O respira aire fresco. Disfruta el sol, la brisa en el pelo o la lluvia en la piel. Escucha los sonidos. Absorbe los colores. Cierra los ojos y disfruta sentirte vivo.

O prueba la música. Esa es otra buena opción para cambiar el ánimo. Por supuesto, debes cerciorarte de que las melodías que sintonices coincidan con la onda que estás buscando. Digamos que te sientes estresado o deprimido por algo. Porque tu novia rompió contigo, por ejemplo, o te rechazó alguien que te gustaba. ¿Qué vas a hacer? ¿Irte a casa y poner canciones deprimentes que hablen de relaciones marchitas? ¿Melodías sobrecargadas de tristeza? ¡Para nada! Eso sería como comerte una caja entera de Krispy Kremes cuando te sientes gordo. En serio, eso no te va ayudar.

Lo que tienes que hacer es asimilar el golpe y hacer lo contrario. Poner canciones optimistas. Ponte a jugar SingStar o Guitar Hero. Lo que haga falta. Porque si quieres cambiar de ánimo para sentirte mejor y tener mejores pensamientos, no puedes revolcarte en la autocompasión.

Pruébalo. Pon una melodía. Preferiblemente una con onda optimista. Algo que te haga sentir fenomenal. Y canta. En serio. Como si estuvieras en karaoke. Como esos tipos que ves con sus iPods cantando a toda voz como desafinados concursantes en el programa de *American Idol*. A ellos no les importa nada. Cantar los pone contentos. Y eso es porque su *onda* está totalmente sincronizada con la canción.

Ocurre lo mismo con el baile. Por eso mucha de la música que se produce es buenísima para bailar. Entras en paso y todo tu cuerpo se sincroniza con el ritmo de esa gran armonía de energía que te alegra el corazón, te expande los pulmones, te mueve las caderas y te hace sentir fantásticamente bien. Es intenso. Todo eso seguro que te cambia el ánimo, te levanta las vibraciones y te hace sentir vivo.

NACIDO PARA ESTAR VIVO

Y aquí está otro secreto detrás de *EL SECRETO*. Simplemente: siéntete vivo, siéntete fantástico, ¡siéntete eufórico! Es la vía más rápida para atraer la vida de tus sueños. Concéntrate en irradiar hacia el Universo esos sentimientos de júbilo y felicidad. Y al irradiar sentimientos de gozo y felicidad, estos se reflejarán a su vez en ti como las experiencias de tu vida futura.

Claro, eso puede parecer más fácil decirlo que hacerlo. Como si teniendo el ánimo por el piso pudieras simplemente presionar un interruptor y, listo, "te pones contento". O sea, que no se trata de que tú puedas escoger tus sentimientos en el estante de una tienda. O hacerle clic a una de esas caritas sonrientes.

¿Verdad que sería maravilloso que en la vida real pudieras sencillamente hacerle un clic doble a una de esas caritas cada vez que quieras y escoger la manera de sentirte? Aunque haya gente que tal vez lo haga, la mayoría de nosotros no puede hacerlo. Pero no te preocupes. Hay otra manera de ponerte contento cada vez que quieras. Y es dar pasitos de bebé y ascender gradualmente en la escala de sentimientos.

ELEVA TUS SENTIMIENTOS

Digamos que te sientes desesperado y deprimido. Como cuando tu novia rompió contigo. Esto te produce una gran depresión, y desciendes a lo más bajo, tu nivel más hondo. Pero en lugar de simplemente tratar de ponerte contento, que sería tu nivel más alto, lo que necesitas es cambiar tus sentimientos hacia algo que esté más próximo al nivel que estás en ese momento. En vez de encerrarte en la desesperación (¡y preocuparte entonces por cuál otra cosa vas a atraer!), eleva esos sentimientos un poco a unos de frustración y enojo. "¿Quién es ella para romper *conmigo?*"

El siguiente nivel de sentimientos es aburrimiento. Ahí puedes llegar pensando cosas de poco interés. Como "Lo que sea… de todos modos mi ex novia no me merecía".

Después de eso viene una satisfacción ligera. Piensa algo que te haga sentir más o menos bien. "Hay muchos otros peces en el mar".

Y así vas avanzando hasta que sientas esperanza, luego entusiasmo, entonces felicidad, pasión, gozo, y finalmente amor.

Y en el amor tu onda realmente vibra. Es la frecuencia más alta posible. En el amor vas a atraer muchas cosas más que te inspiren. Y sea ese amor hacia una persona, un sitio, experiencias o cosas que te guste hacer, ese sentimiento de amor es el perfecto antídoto contra la desesperación y la depresión. Y simplemente dando esos pasitos de bebé gradualmente hasta sentirte bien descubrirás que lograr el amor, o cualquier otra cosa que quieras, no es tan difícil después de todo.

HISTORIAS REALES
El secreto de Shiri

Cuando comencé el duodécimo grado, mi último año escolar, me sentía muy deprimido. Durante mis once años escolares nunca me había sentido seguro de mí mismo, nunca había tenido verdaderos amigos, nunca me había divertido siquiera un poco o, cuando lo había logrado, había sido únicamente en raras ocasiones. Me atrasaba en los estudios, vivía una vida poco saludable, me quedaba a dormir fuera de mi casa tres veces a la semana, y tenía malas relaciones con mi familia. Sabía que mi vida estaba descarriada y lo único que yo quería era cambiar mi situación. No tenía idea de cómo hacerlo. No tenía un plan. Sólo tenía un deseo intenso de cambiar.

Así que empecé a estudiar y dejé de asociarme con aquellos que ejercían una mala influencia sobre mí. Traté de cambiar mi estilo de vida, pero simplemente no funcionó. Me di cuenta de que no avanzaba (aunque estaba dispuesto) porque todavía pensaba equivocadamente, y debía cambiar mi manera de pensar.

Entonces me obligué a sentirme bien. Desde ese momento mi vida se convirtió en ORO. ¡Ocurrió como por arte de magia! ¡Recibí aún más de lo que había pedido!

Al principio ocurrió con los estudios. Me obligué a creer que YO SÍ sé, que SÍ soy inteligente, y entonces mis notas comenzaron a elevarse más y más hasta que logré las notas más altas en las nueve clases de la escuela. ¡Sin siquiera estudiar demasiado! Uno o dos días de estudio me bastaban mientras que los demás alumnos estudiaban más de una semana.

Después de eso me obligué a sentirme querido. Procuré tener amigos verdaderos. No sé cómo, pero de repente encontré almas gemelas y amigos maravillosos, a pesar de estar SEGURO de que no me sentía identificado con nadie. La gente me quería. Incluso los que antes me odiaban. En una ocasión, a una chica que todos sabían que me odiaba se le perdieron las llaves del automóvil en la escuela, y yo las encontré. Sus amigos y ella me dieron las gracias y me dijeron: "Todos en la escuela ahora hablan muy bien de ti". Me puse contento, porque había sido muy odiado en mi escuela. Eso fue un cambio ENORME para mí.

Cada cosa con la que tenía problemas en mi vida tuvo un desenlace positivo porque me obligué a sentirme bien. Me obligué a sentirme querido. Y al final lo logré.

Mi consejo: ¡CREE, CREE, CREE! ¡RECIBIRÁS beneficios con creces!

Shiri, 18 años
Kiryat Shmona, Israel

LA DECISIÓN ES TUYA

Está en tus manos. Puedes optar por sentirte bien ahora. O puedes posponerlo para otro día, semana, mes o más tiempo. Es más, puedes seguir sintiéndote amargado todo el tiempo que quieras. Pero escucha un pequeño secreto: la amargura no te va bien. No es tu estilo. Y no la sabes llevar bien.

Entonces, ¿qué escoges? ¿Sentirte bien ahora?

Porque en un final, sentirte bien es uno de tus derechos inalienables. Y sentirte bien ahora es lo que hay que hacer. Sentirte bien ahora te cambia todos los mañanas.

Sentirse bien es *EL SECRETO*.

¡Y el mayor de los secretos es sencillamente sentirse bien!

EL SECRETO ELEMENTAL

Mucha gente se mete en esos videojuegos en que asume el papel de uno de los protagonistas, como El Mundo de la Guerra o El Gran Robo de Autos. Existe esa manera de sumergirse totalmente en el mundo virtual, la aventura y las emociones provocadas por situaciones de vida o muerte. Pero la mejor parte es poder simplemente presionar el botón de pausa cuando la situación se pone difícil.

Qué bueno sería que pudiéramos hacer eso en la vida real. Especialmente cuando las cosas no nos van bien, cuando estamos estresados, o cuando sencillamente no nos sentimos bien.

Pues la realidad es que, igual que en esos juegos, puedes presionar el botón de pausa y desconectarte de la vida para poder concentrarte en cambiar tus sentimientos.

Y para poder cambiar tus sentimientos es bueno tener a mano uno o dos **CAMBIADORES SECRETOS.** Se trata de un cambiador de *ánimo*. Algo que te ponga contento instantáneamente. Algo a lo que tú puedas recurrir en cualquier momento para hacerte sentir maravillosamente bien y te renueve la energía para prepararte a regresar al juego de la vida.

Quizás un recuerdo fabuloso, el regreso mental a un momento cómico. O buenos tiempos con tus mejores amigos. Una vacaciones fenomenales. O una canción clásica. O tal vez una foto de la persona de la que te has enamorado últimamente. ¿Cuáles son tus mejores y más preciados recuerdos? A lo mejor una combinación de todas esas cosas, como un montaje de recuerdos.

Así que piensa en tu montaje. Haz una lista de las cosas que te hacen sonreír cada vez que piensas en ellas. Y cada vez que te sientas estresado o deprimido o triste, mira tu lista, recurre a tu montaje, y simplemente *SIÉN-TETE BIEN*. Y ésa es la llave para la buena vida. El poder de **EL SECRETO**... simplificado.

CÓMO USAR EL SECRETO

UNA GUÍA PARA NOVICIOS

Para alguna gente la idea de ser un "Creador" puede parecer bastante intensa. Ése es un término reservado para Leonardo da Vinci. O William Shakespeare. O Jane Austen. Pero lo cierto es que tú *eres* un Creador, y estás creando tu vida mediante la ley de atracción.

Y no es una coincidencia que, igual que tú, muchos artistas creativos y grandes autores han utilizado **EL SECRETO** en pinturas y obras de teatro y prosa desde los albores de la civilización.

Piensa en todos los cuentos de hadas, mitos y leyendas de tu infancia. La ley de atracción siempre está presente. Compruébalo: El héroe tiene un sueño, algo que desea desde lo más profundo de su corazón. Y cuando sueña lo suficiente y lo desea con suficiente afán y demuestra que tiene suficientes méritos, una fuerza mística convierte el sueño en realidad.

HABÍA UNA VEZ...

En los cuentos de hadas clásicos, la ley de atracción es la estrella de los deseos, la varita mágica o la hada madrina. En el cine, es la Fuerza, el Anillo que lo gobierna todo. O el Genio que sale de la lámpara para concederle a Aladino todos sus deseos.

¿Entiendes? El Genio, la Fuerza, el Anillo y **EL SECRETO**... todos son lo mismo. Es como si tuvieras tu propio Genio, tu propia Fuerza, tu propia hada madrina, vara mágica o estrella de los deseos. Lo único distinto es que se llama la ley de atracción. Pero a diferencia de estos cuentos fantásticos, la ley de atracción es algo *real*. Es una fuerza Universal, y está a tu disposición. No te juzga o te pone a prueba o te hace demostrar tus méritos. Simplemente escucha cada uno de tus pensamientos, cada uno de tus deseos. Y convierte tus sueños en realidad.

HÉROES

Walt Disney

Si buscas al mayor soñador en la historia de Hollywood o incluso del mundo entero, podrías llegar a la razonable conclusión de que es Walt Disney. El hombre que creó al ratón, sin contar el Reino Mágico y una cinemateca de películas clásicas sobre cuentos de hadas, vivió también su vida como alguien que soñaba despierto y rehusaba enfrentarse a la realidad. Disney tenía la reputación de aferrarse a su visión sin importarle las fuerzas que se le oponían: la bancarrota, que le robaran sus ideas o enfrentarse a la crítica y el escarnio de todos los llamados expertos de Hollywood y Wall Street. Disney les demostró que estaban equivocados.

A la edad de sólo veintiún años, su hermano Roy y él reunieron suficiente dinero para construir un estudio y formar un equipo de animadores estrellas. Entonces creó una exitosa serie titulada Oswald el Conejo Afortunado. *Pero su distribuidor estafó a todos sus empleados y, lo que es peor, le escamoteó el personaje de Oswald. Sin embargo, Disney no dejó que eso lo destruyera. Siguió soñando en grande, creyendo en milagros y permitiendo que la magia ocurriera. Y fue entonces que creó a cierto ratoncito que hablaba.*

Y el resto, como se dice, es historia. Y qué historia. Disney fue el primero en utilizar sonido sincronizado en dibujos animados, el primero en utilizar color, el primero en lograr una película animada, y el primero en construir un parque temático. Disney fue sin duda uno de los grandes soñadores, y todos sus sueños se hicieron realidad.

"Si eres capaz de soñarlo, puedes lograrlo. Recuerda siempre que todo esto comenzó con un sueño y un ratón".

Walt Disney, cineasta, empresario

Si tienes sueños grandes como los de Disney, o incluso modestas aspiraciones, te agradará saber de este Proceso Creativo de dos mil años de edad que te ayuda a utilizar tu propio Genio interior. Pero a diferencia del Genio de Disney, este Proceso Creativo no te limita a sólo tres deseos. Es más, puedes tener cuantos deseos decidas tener.

EL PROCESO CREATIVO

Puedes haber oído la frase "Pide y recibirás". Si eres cristiano, musulmán, hindú, judío, o simplemente bailas al ritmo de una música diferente, la lección es la misma: todo lo que desees, todo lo que busques, todo lo que pidas puede lograrse siguiendo los tres pasos de un simple Proceso Creativo.

PIDE... CREE... RECIBE

Cuando **PIDES** lo que deseas, básicamente estás colocando una orden como si estuvieras en Amazon.com. Pero debes tener claro en tu mente lo que deseas. Para tener claridad sobre lo que deseas, haz una lista. Toma un cuaderno y anota lo que desees ser, hacer o tener. Puede ser una salud perfecta, maravillosas relaciones, una carrera fabulosa, viajar, o que haya paz en la Tierra y buena voluntad entre los hombres. Lo que sea que estés esperando. Simplemente ten claro en tu mente lo que deseas. Porque una mente confundida genera una orden confusa. Y una orden confusa puede causar que Amazon.com accidentalmente te envíe Timbaland en lugar de Timberlake.

Después de colocar tu orden, es importante **CREER** que te la van a enviar. Porque la energía de creer coincide perfectamente con lo que deseas y permite que los semejantes se atraigan mutuamente.

¿Cómo puedes obligarte a creer? Fácil. Actúa como si ya tuvieras lo que deseas. Dicen que una creencia es un pensamiento repetido una y otra vez. Así que pretende que tus deseos ya son tuyos. Como, por ejemplo:

* Hay un automóvil totalmente fenomenal en mi garaje.

* Voy a salir con la persona que me gusta el sábado por la noche.

* Envié una canción que compuse a un importante productor de discos... y le encanta.

Mientras más hagas esto, más vas a creer realmente que ya has recibido. Ésa es la clave para atraer lo que deseas.

El último paso del proceso creativo es ***RECIBIR***. Así que relájate y ponte cómodo para sentirte fantásticamente bien. Debes sentirte como esperas sentirte cuando finalmente te las arregles para recibir lo que hayas estado esperando.

Y en cuanto controles esa sensación eufórica de saltar sobre el sofá, estarás en completa sincronización con tu deseo. Y en ese estado, estarás preparado y listo para tomar ACCIÓN. Esto significa sencillamente dar los pasos inspiradores requeridos para RECIBIR lo que deseas. Contesta el teléfono, atiende y abre la puerta, firma por el paquete. Lo que haga falta para poseer lo que estás deseando. En otras palabras, crea las condiciones y el espacio en tu vida para lograr la perfecta situación de RECIBIR lo que deseas cuando llegue a tu puerta.

Para simplificar todo esto, PIDE y CREE mediante tus pensamientos. Pero RECIBE mediante tus acciones.

Aun así, mucha gente confunde el papel que juega la AC-CIÓN en el proceso creativo. Piensan: "Seguramente tengo que *hacer* algo para forzar lo que yo quiero que ocurra". Pero es probable que estés completamente despistado sobre *lo* que debes hacer. Y terminas trepando paredes como si tuvieras un alza de adrenalina, sin orientación ni idea de qué hacer. Todo te parece demasiado difícil y no llegas a ninguna parte enseguida. Lo que necesitas hacer entonces es calmarte y prepararte para la inspiración.

> *"Sueño mi pintura, y entonces pinto mi sueño".*
> Vincent van Gogh, artista

El momento de tomar acción efectiva, instintiva, ***inspirada*** es cuando se presenta la oportunidad y recibes el impulso para actuar.

A alguna gente le es difícil ver la diferencia entre una acción inspirada y simplemente "hacer" algo. La diferencia está en que te cansas cuando estás simplemente haciendo algo. Es difícil y te fatigas. Como si estuvieras nadando contra la corriente. Es un esfuerzo extraordinario.

En cambio, la acción inspirada es fácil. No es trabajosa. Es intuitiva e instintiva. Como dejarse llevar por la cresta de una ola hasta la orilla. Es un sentimiento de inspiración. Es fácil y no requiere esfuerzo. Es como una magia.

Así que confía en tus instintos. Cada vez que tengas un sentimiento intuitivo, instintivo o inspirado, síguelo. Es el Universo inspirándote. Es el Universo movilizándote para recibir exactamente lo que pediste.

Bueno, pues ése es el proceso creativo: Pide, Cree, Recibe. Bastante fácil, aunque para algunos la parte difícil es creer que puedes lograrlo. Así que practícalo en algo pequeño. Algo que puedas creer totalmente que puedes atraer. Como una canción particular en la radio, o una llamada de tu mejor amigo. Trátalo. Y cuando creas que ya está en camino, te llegará.

Aunque es bueno empezar con algo pequeño, la verdad es que al Universo no le importa la magnitud. No importa lo que quieras – grande o pequeño, costoso o difícil de conseguir. Lo importante es que creas verdaderamente, fielmente e incesantemente que lo vas a recibir. El Universo hace sus entregas a tiempo. Siempre.

HISTORIAS REALES
El secreto de Michael

Cuando mi abuelo estaba vivo – bueno, en realidad él era como un padre para mí – me decía siempre que yo podía ser y lograr cualquier cosa que deseara en la vida. Y esto sólo lo entendí cuando cumplí dieciséis años. Yo le decía siempre: "Papá, no creo que voy a lograr ser abridor en el equipo de rugby. Papá, tengo miedo de no aprobar el año". Siempre le estaba diciendo no puedo, no puedo, no puedo. Hasta que un día me dijo: "¡¡¡La palabra 'imposible' no es más que una pequeña palabra que hacen circular los hombres a quienes les resulta más fácil vivir en el mundo que han recibido que explorar las posibilidades que tienen para cambiarlo!!!" Eso me impactó y me dejó atónito. No sabía qué contestar. Quería decir algo, pero no encontré palabras para expresarlo. Simplemente le di un abrazo y le dije: "Gracias, Papá".

El resto de esa tarde me la pasé en cama pensando en lo que me había dicho. La mañana siguiente desperté con una sonrisa y una nueva visión de la vida. Me sentí libre: sin dudas, sin preguntas, diciendo solamente sí, sí, sí, sí puedo, sí puedo, sí puedo.

A partir de ese momento todo fue fácil: Logré ser abridor en los equipos de rugby, hockey, atletismo y tenis. Y todos mis maestros y amigos me querían y confiaban en mí. Me destaqué en clase, y para colmo me nombraron monitor principal de la escuela. Recibí un premio como el mejor atleta del año dos años consecutivos y voy encaminado a lograrlo este año también. Después de ver El Secreto, estoy más decidido a ser el mejor. ¡¡¡Y más todavía!!!

Michael, 17 años
Durban, Sudáfrica

"Sube el primer escalón en la fe. No tienes que ver toda la escalera. Sube sólo el primer escalón".
Dr. Martin Luther King Jr., líder espiritual, activista de derechos civiles

EL SECRETO ELEMENTAL

Ahora estás tranquilo y listo para que te llegue la inspiración. Esperando que aparezca la intuición o el instinto.

Y mientras tanto te preguntas cómo usar **EL SECRETO** para lidiar con el día que comienza. Ese es el momento ideal para lucir mejor que nunca. Planea el día poniendo por delante las fuerzas del Universo. Si estás en la escuela o en el trabajo, o en alguna salida, o en la casa, considera todo lo que va a traer ese día. Un juego, clases, reconectar con amigos, tal vez incluso un examen importante. Piensa en lo que tienes delante, y entonces aplica los tres pasos del Proceso Creativo.

Por ejemplo, digamos que tienes programado algo estresante. Una gran oportunidad pero a la vez horrible. Como una audición para la obra de teatro en la escuela. Si aplicas el Proceso Creativo, puede resultar algo así:

PIDE

Cuando te enteras de las audiciones y decides que te podría interesar – o incluso antes, la primera vez que decides experimentar como actor – ese es el momento de **PEDIR.** Esto quiere decir que puedes dejar de estresarte por la audición, porque se te está dando, porque lo **PEDISTE.** Lo cual te permite avanzar hacia el siguiente paso.

CREE

Visualízate en escena. Imagina esa sensación. La onda de disfrazarte para el personaje. Imagínate aprendiéndote el guión. Y ensayando. Visualízate actuando frente a un teatro lleno. Claro que todo es fácil para ti. Como si hubieras nacido para eso. ¿Cómo son los demás actores? Seguro que tienen talento, son amistosos, y tienen onda.

Piensa en el momento en que el público se ponga de pie para aplaudir tu actuación. ¿Será eso lo más divertido que has hecho en tu vida?

RECIBE

Puedes sentirte realmente bien, y la ley de atracción se encargará del resto. Y la mejor manera de sentirte realmente bien es quizás imaginar el momento en que recibes la buena noticia de que es tuyo el papel en la obra y que estás en el reparto. ¿Qué harías? ¿Ponerte a gritar para celebrar el triunfo? Pues hazlo ya. ¿Chocar palmas con la próxima persona que te encuentres? Hazlo. ¿Salir corriendo por la calle y abrazar al primero que te encuentres? Pues si es así como te sientes, ¿por qué no?

ACTÚA

La única acción que necesitas tomar en esta etapa tiene que ver con la inspiración. Evita "hacer cosas" sólo porque pienses que pueden ayudar. En otras palabras, no te afeites la cabeza o te tiñas el pelo de rosado brillante para el personaje antes de obtener el papel en la obra. Pero puedes cerciorarte de que el teléfono esté funcionando y tenga carga para que el director o el maestro de artes dramáticas pueda localizarte para notificarte de que estás en la obra. Y puedes revisar tu agenda para estar seguro de que estarás disponible para los ensayos y las presentaciones durante la temporada. Ésa es la manera de crear las condiciones y el espacio para convertir en realidad tu sueño de ser actor.

De modo que, independientemente de lo que tengas programado, puedes darle a tu día absolutamente el matiz que quieras darle y disfrutarlo. Simplemente Pide, Crea, y toma la acción inspiradora para Recibir tu día perfecto.

Eso es lo que la actriz y productora Drew Barrymore hace cada mañana de su vida. Planifica el día entero hasta el último detalle en su mente. Puede ser quedarse haraganeando en su casa en pijama, o repasar el guión en el estudio de su película *Simplemente no te quiere (He's Just Not That Into You)*. Ella cree que esa es la mejor manera, la única manera, de comenzar su día.

> *"Si vas a estar vivo y en este planeta,*
> *tienes que extraerle lo esencial a cada día*
> *y aprovecharlo al máximo".*
> Drew Barrymore, actriz

RE-VISIÓN 20/20

Hay algo que también puedes hacer al final de cada día. Ve atrás en el curso del día y piensa en algo que no resultó como tú querías. Considera cómo tus vibraciones y tus pensamientos afectaron ese resultado.

Por ejemplo, digamos que le pediste permiso a tus padres para regresar tarde la noche del sábado. Como esperabas que te dijeran que no, te preparaste para tener una pelea con ellos. Y eso fue exactamente lo que

ocurrió. Gritos, puertas cerradas violentamente, peniten-
cia prohibiéndote salir, de todo.

Piensa en cómo momentos como esos te afectan y te
ponen furioso, pesimista y desanimado. Pero antes de
caer en un estado de desolación, considera la posibilidad de cambiar el hecho en tu memoria y reestructúralo
mentalmente. Altéralo, usa la imaginación, improvisa, inventa. Convierte el recuerdo en un desenlace que sea de
tu agrado. Concédete un final tipo Hollywood, feliz para
la eternidad.

En cuanto a tu petición de regresar tarde la noche del
sábado, imagina que fuiste a esa discusión con un tono
optimista. En una actitud calmada, persuasiva. Pro-
metiendo que llamarías con frecuencia y que estarías
acompañado de amigos responsables que tus padres
conocen y en quienes confían. Imagina entonces que tus
padres responden razonablemente. Te comprometes a
regresar a cierta hora, y todo el mundo es feliz.

¿No te hace sentir mejor esa versión? De ese modo, cada
vez que recuerdes esa situación, pensarás en el nuevo
final, mejorado y feliz, en lugar de la pelea. Y ese nuevo
final, "editado por el director", refuerza un mejor estado
de ánimo y pensamientos más felices. Lo cual, por supuesto, atrae mejores cosas en el futuro.

Puedes manipular esta revisión de las cosas cada vez que
te sientas un poco abatido. Si has tenido un día fuerte,
o si todo te sale mal, esa noche, antes de dormirte, re-
flexiona sobre los sucesos del día. Altera las cosas para

que te resulten positivas. Eleva tus vibraciones. Entonces duerme satisfecho. ¡Así se usa **EL SECRETO**!

HISTORIAS REALES

El secreto de Michael

Mi primer año en esta escuela secundaria magnet *tuve dificultades desastrosas. Saqué una F, una D y más notas malas en el segundo período. Tenía un miedo horrible de que me hicieran abandonar la escuela debido a mis terribles notas. Fue en esa época que encontré el vídeo de* El Secreto, *y mi vida cambió totalmente. Tomé mi lista de calificaciones e hice una versión en un documento Excel. Cambié todas las notas a A y agregué comentarios positivos sobre mi conducta.*

En el tercer período fui incluido en el cuadro de honor. ¡Saqué mejores notas que en la ESCUELA INTERMEDIA! ¡Tenía que ser así! Ahora estoy en la mitad de mi segundo período en el segundo año. En el último período recibí seis A y dos B, y un montón de halagos sobre mi conducta. Todos mis maestros han sido amables y considerados, y ya no tengo dificultades con las clases. Nunca me he sentido mejor en mi vida. ¡MUCHAS GRACIAS!

Michael, 15 años
Nueva Jersey, EE.UU.

PROCESOS PODEROSOS

SECRETAS MANIOBRAS DE PODER

A alguna gente puede tomarles toda la vida lograr la vida que soñaron. Pero no tiene que ser así. Y si ése es tu ángulo, buscarás la manera de acelerar un poco las cosas. Aquí tienes un par de herramientas poderosas para ayudarte en el camino.

GRATITUD

Está bien que lo quieras todo. Pero ¿cuándo fue la última vez que dijiste la palabra "gracias"? No un "gracias" dicho al descuido a la persona que te sirvió un jugo en una cafetería. No. Un *gracias* verdadero, genuino, salido del corazón. Probablemente ni te acuerdas, ¿verdad? Y ahí está el problema. Porque eso quiere decir que no eres una persona verdaderamente agradecida. No sientes gratitud hacia tus padres, tus maestros, tus compañeros de clase, tus compañeros de trabajo, ni siquiera hacia tus mejores amigos.

Es que decir por favor y gracias está tan fuera de onda, ¿verdad? Como si costara tanto esfuerzo ser agradecido. Nos quejamos de lo que *no* tenemos, y por extensión, no nos sentimos agradecidos por lo que *sí* tenemos. Lo damos todo por sentado.

Y dar por sentado lo que tienes puede ser un poco desastroso. Es imposible traer más cosas a tu vida si te muestras ingrato por lo que ya tienes. ¿Por qué? Porque los pensamientos y sentimientos que tú proyectas cuando eres ingrato son vibraciones negativas. Sean celos, resentimiento, frustración, ira o lo que sea, esos sentimientos no te están trayendo lo que tú deseas. Esos sentimientos y actitudes simplemente te van a hacer sentir más deprimido y abatido. Y claro que están atrayendo situaciones aún peores que las que te hacen sentir deprimido y abatido.

UNA LECCIÓN DE GRATITUD

Es como la película *Una para todas (The Sisterhood of the Traveling Pants)*. Es la historia de cuatro amigas concentradas totalmente en lo que les está faltando: la ausencia del padre, la ausencia de la madre, la falta de romance, la falta de autoestima. Una de las chicas, Tibby, la cínica emocional, ha perdido toda esperanza y aspiración, y atrae algo realmente deprimente: una niña con una enfermedad terminal que lo único que quiere es que su vida tenga relevancia. Con su último aliento, esta niña le enseña a Tibby y a sus amigas lo mucho que tienen que agradecerle a la vida. Se tienen mutuamente, lo cual es un gran punto de partida.

El secreto de Elizabeth

No lo puedo explicar realmente. Había querido entender a lo que se referían Rhonda y las otras grandes mentes de El Secreto *cuando decían que había que estar agradecido por todo lo que uno tiene y por todo lo que uno desea. No estaba segura de poder hacerlo. He tratado desesperadamente de entender su significado, y manifestar mi propio destino. No me daba cuenta de que uno no puede recibir algo hasta sentir gratitud por lo que ya tiene y lo que va a recibir.*

Mi comprensión de la gratitud comenzó una mañana en que la alarma del reloj me despertó y me sentí un poco frustrada por tenerme que levantar tan temprano. Pero inmediatamente cambié de ánimo. Me puse contenta y me levanté. Caminando en el jardín, empecé a sentir una brisa que me golpeaba el rostro y la yerba fresca bajo mis pies. Y comencé a decir gracias.

Sentí una emoción por dentro, una sensación de realización que me hizo sentir completa. Comencé a sentirme realmente agradecida por todo lo que me rodea: mi familia, mis pertenencias, mis mascotas, mi ropa, por el Universo que trajo a mi vida otra vez al hombre con el que quiero estar (¡finalmente nos volvimos a hablar después de seis meses peleados!, lo cual considero un milagro), y por todo lo demás. No tuve que dejar de hacer lo que estaba haciendo para agradecerle al Universo lo que tengo y lo que deseo. No. Simplemente sentí esta gratitud y felicidad y amor que brotaban de mí. Era una especie de magia. ¡Como si no fuera posible sentir tanta gratitud! Me dieron ganas de llorar. Le doy gracias al Universo por lo que deseo (como si ya lo tuviera), por lo que tengo, por todo lo que me rodea.

Antes me enojaba con mucha facilidad. Pero desde que descubrí El Secreto, y sobre todo ahora que me siento agradecida por todo, hay muy pocas cosas que me disgustan. Y cuando ocurre, me repongo y recuerdo que sólo dentro de una frecuencia de amor, felicidad y gratitud, recibiré lo que deseo.

Lo único que deseo es que todos los demás estén inspirados y movidos hacia una verdadera gratitud por lo que tienen y lo que están recibiendo. Porque al fin ahora he llegado a comprender que, una vez que estás agradecida por lo que te rodea, vas a sentir paz y amor, lo cual es lo único que traerá lo que deseas.

Elizabeth, 19 años
California, EE.UU.

LA GRATITUD TE CONSIGUE COSAS BUENAS

Si quieres ser feliz y atraer la vida que soñaste, tienes que ser agradecido. En serio. Ser agradecido te altera la energía y te cambia la manera de pensar de una manera positiva. Y recuerda: sólo cuando tus pensamientos son positivos puedes atraer buenas cosas a tu vida.

Digamos que quieres tener un nuevo vehículo. En esa situación, no desprecies el que tienes ahora. Aunque sea una bicicleta de diez velocidades o una patineta. Agradece todo lo que te brinda: libertad, independencia, y probablemente un montón de recuerdos. Y en ese estado de gratitud, con esa onda positiva, estarás atrayendo sin mucho esfuerzo un modelo E-Class.

Lo mismo ocurre si lo que te interesa es la ropa. Agradece lo que estás usando ahora, aunque esté pasado de moda. Simplemente aprecia lo que tienes. La gratitud se aplica a todo lo que tienes, aunque esté viejo o raído. Y cuando te sientas agradecido por lo que tengas, sin duda atraerás nuevas marcas como Rip Curl, AE, Abercrombie, la que sea, de los sitios más imprevisibles.

Y si todavía piensas que decir "gracias" está fuera de onda, entonces tendrás que enfrentar el hecho de que tu falta de gratitud te está escamoteando tus propios sueños. No será hasta que te sientas totalmente agradecido por todo lo que tienes y esperas tener que lograrás sincronizar tus vibraciones con tus sueños y crear esa atracción perfecta.

EL SECRETO ELEMENTAL

Para darle un empujoncito a tus sueños, aquí tienes lo que puedes hacer: una lista de las cosas por las que estás agradecido. Anota no menos de siete cosas por las que dar gracias cada día. Considera ésta una lista de "lo que está de moda". Todo aquello que veas y puedas decir: "¡Sí, eso tiene onda!".

Aquí van algunas ideas para empezar:

- Ropa
- Música
- Cine
- Videojuegos
- Libros
- Teléfono celular/MP3
- Comida

Cualquier cosa que te venga a la mente, anótala. Y no tienen que ser sólo objetos materiales. Pueden ser personas también:

- Amigos
- Familia
- Padres
- Mentor
- Maestro favorito
- Novia/novio
- Mejor amigo
- Nuevas relaciones

O cosas que te guste hacer:

- Ir de compras
- Viajar
- Ir a fiestas
- Salir con tus mejores amigos

¿Y la salud? Eso es definitivamente algo por lo que hay que estar agradecido.

Cualquier cosa que te haga sentir agradecido, anótalo. Y recuerda que ésta es tu lista de lo que está "en *onda*". No te dejes llevar por lo que *"no* lo está". No hay necesidad de sentir gratitud porque *no* está lloviendo o porque *no* estás enfermo o porque *no* te sientes solo. Aprecia y da gracias por el buen tiempo, tu extraordinaria salud, y todos tus amigos. *Eso sí* tiene onda.

LISTA DE DESEOS

También puedes hacer que esto sea aspiracional e intencional. Eso significa que puedes usar tu gratitud futura para crear una atracción de algo que deseas, una *LISTA DE DESEOS.* Digamos que has estado deseando tener una nueva patineta. Entonces dices: "Estoy tan agradecido por la nueva patineta perfecta que tengo". Asegúrate de que la frase esté expresada en presente. No lo expreses en futuro porque entonces se queda en el futuro. No vayas a decir cosas como "Estoy totalmente agradecido por la nueva ropa o motoneta o entradas al concierto que voy a tener pronto". Porque entonces la ropa, la motoneta, o las entradas al concierto se quedan congeladas en ese instante. Y tú sabes lo frustrante que eso puede ser.

Siente gratitud por tu *LISTA DE DESEOS* como si ya los tuvieras. Aunque no los tengas todavía y no tengas idea de cuándo te van a llegar. No hagas caso a eso. Simplemente expresa tu gratitud por tenerlos ya.

Así que además de tus siete aspectos de la gratitud, haz una lista de siete de estas aspiraciones futuras.

Haz esta lista de gratitudes todos los días. Tal vez puedas separar un tiempo para hacerlo. Al levantarte por la mañana o al final de la noche. Y cuando estés escribiendo esas cosas, pronuncia la palabra "gracias". Y dila desde lo profundo de tu corazón. Siente la emoción y no te abstengas.

Y no dejes tu gratitud en la página. Recuerda compartirla con otros. Porque ése es otro gran **SECRETO**: cuando te sientes agradecido, y cuando realmente aprecias a los demás, ellos se sentirán obligados a corresponder más. Es la ley de atracción funcionando de nuevo, actuando a través de esas personas para concederte más de las cosas que deseas. Todo porque simplemente tomaste tiempo para decir gracias.

VISUALIZACIÓN

Usar **EL SECRETO** para crear tu vida es como filmar una película sobre tu vida. **TÚ** te conviertes en el director, y **TÚ** escribes el guión. Pero más importante aún es que además **TÚ** eres la estrella. Es tu película, por lo cual, cualquier cosa que hagas, no te conviertas en un objeto de segundo plano. No seas un extra en tu propia vida.

Puedes asumir cualquiera de los papeles protagonistas: el superhéroe, la heroína romántica, el aventurero.

Es **TU** guión y te toca a ti preparar la escena.

La trama, los actores de reparto, los sitios de filmación, el diseño de producción, la acción y desde luego el importante diseño del vestuario. En cada instante, el primer paso y lo más importante para ti es **VISUALIZAR.** O sea, imaginar exactamente lo que deseas.

Imagina tu vida filmada en alta definición. Cualquier cosa que desees, imagínala. Filmada. Imagina que la estás haciendo en distintas escenas.

Y al igual que en las películas, esas escenas evocan sentimientos extraordinarios que a su vez crean una vibración dentro de ti que resulta en la atracción magnética más poderosa que existe. Trasmites esas escenas con tus pensamientos, y el Universo recoge esa trasmisión y te la proyecta de vuelta con perfecta claridad en una pantalla LCD de cincuenta pulgadas. Excepto que en realidad esa experiencia de teatro casero es tu propia vida ocurriendo en torno tuyo en tercera dimensión. Para hacer la experiencia más real aún, debes añadir los otros elementos del proceso. Incluye audio, olfato, tacto y sabor, y estarás creando una experiencia multisensorial que hará esta visualización más real que la propia realidad.

VER ES CREER

La razón por la que la visualización funciona tan increíblemente bien es la siguiente: tu mente funciona de manera natural con imágenes, y las imágenes que tienes de ti mismo son muy importantes. Por eso la llaman "auto-imagen", porque las imágenes y las fotos que tienes de ti mismo son una fuerza creativa muy importante. Y cuando deliberadamente creas imágenes en tu mente, estás trasmitiendo una energía poderosa y concentrada en de veras ser y convertirte y tener esa experiencia. Es como si estuviera ocurriendo *ahora.* Y mientras más vívidas sean esas imágenes, mientras más convincentemente las visualices, más reales parecerán. Y con esa vibración que emana de ti, la ley de atracción no capta la diferencia. ¡Engañas al Universo! Como en las películas.

¡LUCES, CÁMARA... ACCIÓN!

Piensa en la última película de acción que viste. Tal vez incluía una fabulosa persecución de automóviles o tenía un final espeluznante. Apuesto a que se te aceleró el corazón. Puede que hayas incluso sentido miedo, una emoción electrizante, o te hayas excitado. Tu cuerpo y tu mente reaccionaron como si la experiencia hubiera sido real. Como si te estuviera ocurriendo a ti. Y eso es lo que ocurre cuando visualizas: SOLICITAS la experiencia, tu mente CREE que es real, e irradias ese pensamiento hacia el Universo que a su vez crea la atracción para que la RECIBAS en tu vida.

Muchos instructores y psicólogos deportivos favorecen esta técnica para alentar a atletas a visualizar la carrera o el juego o la competencia mucho antes de que ocurra. Imaginan vívidamente cada jugada, cada paso, cada salto, cada esfuerzo muscular. La idea es que, cuando lo ves en tu mente, tu cuerpo es capaz de imitarlo. Y cuando llega el gran día, tu mente y tu cuerpo están tan bien entrenados para actuar al unísono que es como si crearas una segunda naturaleza... y de manera virtual se asegura el resultado final.

HÉROES

Natalie Cook y Kerri Pottharst

Para ayudarles a visualizar su medalla de oro olímpica, el dúo australiano de voleibol de playa integrado por Natalie Cook y Kerri Pottharst adoptó conductas persistentes: se rodearon de cosas doradas. Vestían ropas doradas y gafas para el sol doradas. Se compraron teléfonos celulares dorados y cepillos de diente dorados. Y compraban especialmente esos chocolates que tienen forma de medallas envueltos en papel metálico color oro. Además, colocaron la letra del himno nacional de su país en varios sitios de sus casas y lo cantaban en cada oportunidad que tenían porque cuando un atleta gana la medalla de oro olímpica se toca el himno nacional de su país.

Cook y Pottharst ganaron todos sus juegos, y aunque tal vez compitieron con contrarios con más talento que ellas, sus sueños de oro las llevaron a la meta final. Y cuando les colgaron las medallas en el cuello, cantaron orgullosas el himno nacional de su país tal como habían imaginado siempre que lo harían.

Para Natalie Cook y Kerri Pottharst, la mejor y más efectiva manera de visualizar su meta fue rodeándose literalmente del brillo del oro triunfal. Si prefieres imaginar el resultado final o ver cada paso del camino, de cualquier modo la visualización es una herramienta fenomenal para ayudarte a alcanzar tu propio oro.

Claro, es probable que tú no seas una super-estrella olímpica (a lo mejor ni siquiera te interesan los deportes), pero aun así, es totalmente válido visualizar tus sueños y deseos lo más vívidamente posible. La visualización debe motivarte. Tienes que ver y sentir poderosamente, y tienes que tener ese vínculo emocional.

> *"Todo lo que eres capaz de imaginar es real".*
> Pablo Picasso, artista

VISUALÍZATE

Digamos que le tienes echado el ojo a un nuevo traje. Visualiza el traje. ¿Qué tal luce? Piensa en eso por un momento...

Apuesto a que pensaste en tu nuevo traje colgado en un perchero en la tienda o en un maniquí en una vidriera. O tal vez en una foto en una revista de modas. Pero dime la verdad, ¿te emocionaste? ¿Te sentiste excitado? ¿Te sentiste vinculado emocionalmente? Probablemente no. Porque, seamos honestos, es difícil sentirse de esa manera hacia percheros y maniquíes.

Tienes que incorporarte a la experiencia. Toma tu lugar en la foto. Tienes que imaginarte a ti mismo activo y en

movimiento. No basta con mirar una imagen fija y conge-
lada en un catálogo. Nadie se queda mucho rato mirando
una foto estática. Para atraer tu atención, hace falta movimiento. Necesitas un vídeo, una película mental. Así
que visualízate en acción, probándote ese traje nuevo.
Imagínate lo increíblemente bien que lucirías en él. Fíjate
cómo el color va bien con el de tus ojos. Lo bien que te
mueves en él. Lo bien que se sienten su corte y la tela. Y
la manera brillante en que podrías combinarlo con otros
accesorios. Claro que te queda perfecto.

¿Y adónde vas a ir con ese nuevo traje? ¿A una fiesta?
¿A salir con alguien? ¿A un club? Visualiza eso. Imagínate bien acompañado en la fila frente al cordón de
terciopelo a punto de entrar a una discoteca. Todas las
miradas captarán tu nuevo traje en el momento en que
te dan la bienvenida en la sección de gente importante.
Conoces a muchas personas nuevas e interesantes. Bailas toda la noche en los brazos de la chica más popular.
Te diviertes mucho. Y cuando vas de regreso a tu casa
por la madrugada, te preguntas: "¿Será ésta la noche
más perfecta y el traje más perfecto de mi vida?"

EL SECRETO ELEMENTAL

A estas alturas debes ser capaz de ver cómo imágenes
poderosas están en camino a realizar tus sueños. Y en
este proceso de crear la llamada película acerca de tu
vida, puedes inspirarte en los verdaderos armadores de
sueños: los cineastas de Hollywood.

Al planear sus éxitos de taquilla, los directores, mucho antes de empezar a filmar, trabajan con diseñadores de producción para elaborar ilustraciones muy detalladas y una representación gráfica de la trama que represente lo que planea llevar a la pantalla.

Puedes tú hacer algo similar. Crear una Pizarra Visual, un collage de imágenes que representen todos tus sueños y aspiraciones. Tu pizarra te ayudará a concentrarte en tus deseos, visualizarlos en tu mente, y al mismo tiempo crear vibraciones positivas. Tu pizarra actúa como una referencia constante que provee imágenes evocativas de tus sueños y agrupa tus pensamientos y sentimientos en una fuerza poderosa para atraer tus más grandes deseos.

Para crear una pizarra, necesitas unas tijeras y tus revistas y catálogos favoritos donde puedas buscar fotos que evoquen tus sueños.

A continuación, algunas sugerencias de imágenes que pueden incluirse en tu pizarra:

- La universidad en la que desesperadamente quieres estudiar
- Un trabajo increíble en el que puedas ganar muchísimo dinero
- Entradas de primera fila para la banda musical más popular
- Conocer a tu estrella favorita
- Una nueva novia

- Un cuerpo espectacular

- El último estilo salido del último desfile de modas

- Un automóvil nuevo (o quizás un clásico restaurado)

- El último juguete digital

- Viajar por todo el mundo

Una vez que tengas una buena selección de recortes, necesitas un tablero y algunos alfileres, o algo para pegar las imágenes. Coloca las fotos en el tablero siguiendo tus propias impresiones creativas, sin preocuparte por lo que luzca bien o mal. Ésta es tu oportunidad de ser creativo. No es para que alguien lo vea excepto tú, por lo que no tienes que esmerarte demasiado. Inspírate. Procura lograr una onda inventiva y artística. Usa tu imaginación y cualquier otra habilidad que puedas incorporar a la tarea.

HISTORIAS REALES
El secreto de Tien

Quería crear varias Pizarras Visuales, pero me costó trabajo recortar imágenes de las revistas porque me resultó difícil encontrar las fotos de lo que quería exactamente. Siempre faltaba algo. Nunca sentí que las fotos fueran las correctas. Me puse a pensar y se me ocurrió una idea mejor.

Me metí en el Internet y encontré fotos de todas las cosas que quería manifestar en mi vida. Y utilizando el programa PhotoShop para editar y transformar imágenes, coloqué las cosas exactamente donde las quería. ¡Monté un total de dieciocho Pizarras Visuales! No sólo eso, sino que usé mi cámara digital para tomarme fotos "haciendo", "teniendo" y "siendo" todas las cosas que aparecían en las fotos. Entonces recorté mi propia imagen de las fotos y las coloqué en las pizarras. El resultado final es que se ven INCREÍBLEMENTE bien, ¡y es exactamente lo que quería manifestar!

No sólo eso, sino que una de las Pizarras Visuales me tenía a mí practicando alpinismo, algo que he querido lograr durante mucho tiempo pero nunca había tenido la oportunidad. Al día siguiente de haber terminado esa Pizarra Visual, mi novio me llamó y me invitó a ir con él y su mejor amigo a escalar montañas, porque él había ido solamente una vez ¡y quería hacerlo de nuevo! ¡Él todavía ni sabía que yo había montado esa Pizarra Visual! ¡Fuimos y nos divertimos muchísimo! Voy a ir otra vez este fin de semana.

¡Felices manifestaciones para todos!

Tien, 19 años
California, EE.UU.

Si sabes trabajar con PhotoShop, puedes considerar crear tu pizarra en forma digital. Haz buen uso de las búsquedas de imágenes que ofrece Google y de tu propia cámara. Y no te olvides aparecer en las fotos. Puedes entonces convertir tu pizarra en la imagen de fondo en la pantalla de tu computadora. O puedes también incluirla en tu álbum fotográfico en Facebook. Otra cosa fenomenal que puedes hacer es una proyección de diapositivas y convertirla en el salvapantallas de tu computadora.

De un modo u otro, podrás ver una imagen de tus sueños y aspiraciones a cualquier hora del día o de la noche. Y eso te ayudará a visualizar tu camino hacia una vida mejor, utilizando todo el poder de **EL SECRETO**.

EL SECRETO Y EL DINERO

VIVIR EN GRANDE

magina que eres Peter Jackson y estás dirigiendo una colosal película épica como *El Señor de los Anillos*. Entonces en medio de la película, cuando estás a punto de filmar la batalla principal, el productor te llama y te dice que no tienes presupuesto. En lugar de decenas de miles de guerreros, sólo tienes cuatro extras con un vestuario sucio y espadas plásticas. Habías planeado una batalla épica, pero terminaste con un fracaso épico. Si estás produciendo un éxito de taquilla de Hollywood o simplemente viviendo tu vida, el dinero es importante.

A lo mejor estás pensando: "Un momento... ¿qué me importa a mí el aspecto financiero? ¡Dejemos esa preocupación por el dinero para cuando yo esté viejo y gruñón!"

Está bien, pero ¿sabes una cosa? Si de veras piensas de esa manera, lo más probable es que cuando estés viejo y gruñón, todavía no vas a tener un buen control sobre el dinero. Olvídate de las decenas de miles de guerreros para filmar un éxito de taquilla de Hollywood... No vas a tener dinero ni para comprar una entrada para el cine.

Así que ¿por qué no utilizar **EL SECRETO** para resolver lo del dinero *ahora* y así ya tienes eso adelantado para el resto de tu vida? Suena bien, ¿verdad? Claro que sí. Porque cuando conozcas **EL SECRETO**, podrás ser lo que desees ser durante todo el tiempo que quieras, hacer lo que quieras o atraer todo el dinero que necesites.

> *"El dinero no es la única respuesta,*
> *pero ayuda a resolver las cosas".*
> Barack Obama, presidente de los Estados Unidos

MUÉSTRAME EL DINERO

Muy bien. ¿Cuál es el problema con el dinero? ¿Y qué significa para ti exactamente?

Veamos: un billete de veinte dólares, cuando lo miras, no es más que un pequeño pedazo de papel rectangular impreso en colores. Nada del otro mundo. Pero ese papel en colores adquiere valor porque es una herramienta de intercambio. Se entrega a cambio de mercancías y servicios. Las cosas que necesitas y las cosas que te gustan. Y si tienes una cantidad suficiente de estos pedazos de papel, entonces puedes hacer lo que quieras en tu vida, *cuando* lo quieras hacer. Ésa es la verdadera libertad: hacer lo que quieras, cuando quieras. Vivir la vida en tus propios términos.

> *"Un hombre tiene éxito si se levanta cada*
> *mañana y se va a la cama cada noche,*
> *y entre estas dos cosas hace lo que quiere".*
> Bob Dylan, cantante y compositor

Piensa un momento en todas las cosas que podrías hacer en tu vida con ese tipo de libertad:

- Viajar por el mundo con estilo

- Pasarla bien con tus mejores amigos en un sitio fabuloso, como Maui

- Hacer surfing en las mejores playas todo el verano

- Estudiar música, arte, danza, o drama con un reconocido maestro

- Grabar un CD con un productor como Timbaland

- Filmar una película en que actúen Robert Pattinson y Kristen Stewart

- Regalarle dinero a la gente en la calle

- Ayudar a los pobres o a los menos privilegiados

- Apoyar a una comunidad completa en una nación subdesarrollada

- Dedicar tus recursos a apoyar causas del medio ambiente

Cualquiera que sea tu pasión, puedes ser y hacer y tener y lograr todas estas grandes cosas y mucho más. Para ti y para el mundo. Y todo eso es posible gracias a ese papel de colores.

Como sabes, la ley de atracción significa que tus pensamientos – positivos o negativos – atraerán cosas positivas o negativas a tu vida. Y para atraer cosas fabulosas hacia ti, incluyendo dinero, debes asegurarte de escoger pensamientos y sentimientos positivos acerca del dinero.

¿LA RAÍZ DE TODO LO MALO?

El problema es que mucha gente tiene la idea de que el dinero es la causa de todo lo malo que ocurre en el mundo. Se convencen de que el dinero es la raíz de todo lo malo, y de que el dinero corrompe.

La gente que piensa así llega al punto de odiar el dinero como si todo se redujera a que los ejecutivos de Wall Street se enriquecen a costa de los pobres. Hablan horrores de la gente adinerada y se refieren a ellos como podridos en dinero. Y no ayuda que a la gente rica siempre se le atribuya el papel de villanos en las películas. Piensa en Monty Burns en *Los Simpsons* o Cruella de Vil o el prometido de Kate Winslet en la película *Titanic*.

Pero la realidad es otra.

Considera la labor de Bill Gates de Microsoft y Richard Branson, fundador de la aerolínea Virgin. Estos tipos valen lo que pesan en oro. Han contribuido miles de millones de dólares para ayudar a los pobres y para alfabetizar y mejorar la educación. Así que ahí tenemos algunas causas decentes. El hecho es que sí, efectivamente estos dos multimillonarios excéntricos son super generosos, pero no podrían hacer lo que hacen si no tuvieran dinero. Es obvio. Entonces, ¿cómo podrías tú ayudar a los pobres si te conviertes en uno de ellos? Además, podrías lograr cosas fabulosas para ti y para el mundo, si tuvieras dinero. Y sólo podrás atraerlo si piensas en eso de una manera positiva.

MOVILÍZATE

Bueno, ya sabes que el asunto del dinero no es convertirte en Donald Trump y empezar a echar a la gente del trabajo. Puedes centrar tu atención en todas las cosas buenas que quieras atraer hacia tu vida. Las cosas que te hacen sentir bien, todo lo que el dinero te puede traer. Porque así es como piensa la gente que gana buen dinero. Tienen pensamientos de abundancia y riqueza, consciente o subconscientemente. Y no le dan acceso a pensamientos contradictorios de escasez, limitaciones o de no tener suficiente para sus necesidades. La gente de dinero controla el 85 por ciento de la riqueza del mundo. Y, sin embargo, representan menos del 10 por ciento de la población mundial. ¿Y sabes qué? Ellos conocen *EL SECRETO*.

Bueno, ahora *tú* también conoces *EL SECRETO*, y depende de ti el uso que le des. Puedes sentarte a quejarte de las injusticias de la vida y odiar el dinero, y por tanto nunca llegar a atraer tu propia riqueza. O puedes movilizarte y *contribuir* al mundo, crear tu propia abundancia, y convertirte en la estrella taquillera de la exitosa película sobre tu vida.

HÉROES

El sueño de un actor sin dinero

Un actor sin trabajo y sin dinero subió una vez a una loma desde la que se ve Hollywood, la ciudad de las estrellas. Contemplando los estudios de filmación, recordó la etapa difícil de su adolescencia, cuando iba a la escuela secundaria por el día y trabajaba de conserje en una fábrica por la noche. Y recordó la vez que a su familia la sacaron de su casa y tuvieron que vivir en un tráiler VW. Se concentró entonces en el presente e hizo algo provocador: ¡se hizo un cheque a sí mismo por diez millones de dólares! En la línea explicativa escribió: "Por servicios prestados como actor" y le puso una fecha futura de cinco años después. Entonces llevaba el cheque adondequiera que iba como recordatorio de su meta, y siguió haciendo lo que más le gustaba: ¡actuar!

Cinco años más tarde, en la fecha exacta que aparecía en el cheque, ese joven actor estaba ganando mucho más de diez millones por cada película en que actuaba. El nombre que aparecía en el cheque: Jim Carrey.

Cuando Jim Carrey estaba sin dinero y sin trabajo, no tenía razones para pensar que alguna vez ganaría ¡$10 millones! Pero no dejó que eso lo detuviera. Decidió lo que quería y creyó que lo lograría. Y tú puedes hacer lo mismo.

DIME LO QUE QUIERES, LO QUE REALMENTE DESEAS

Piensa un poco en lo que quieres en la vida, desde el punto de vista financiero. Entonces visualiza que ya lo tienes, asume los sentimientos que tu visualización te provoca – cualquier sentimiento de gozo, gratitud y felicidad – y proyéctalos hacia el Universo. Esta es la manera más rápida de traer a tu vida riquezas, felicidad y todo lo demás que quieras. Y al hacer esto, recuerda que tu tarea *no* es saber cómo te llega todo este dinero. Simplemente mantén la fe y *vendrá*.

¡Ahora ve y haz más cosas en tu vida de ésas que te hacen sentir bien! Porque ahí yace otro secreto detrás de **EL SECRETO:** que el dinero tal vez no puede comprar la felicidad, pero tal parece que la felicidad *sí puede* comprar el dinero. Más o menos. No ves que si te concentras en hacer más de las cosas que te hacen feliz, será mucho más probable que el dinero sea atraído hacia ti. Así que llena tus días de felicidad y pasión, y pon esa pasión en cada cosa que hagas.

> *"La pasión es energía. Siente el poder que surge cuando te concentras en lo que te motiva".*
> Oprah Winfrey, animadora de televisión, productora y editora

EL DINERO SÍ CRECE EN ÁRBOLES

Si ves que no estás contento con tu situación financiera, no te preocupes demasiado. Haz lo que puedas y procura ser todo lo que puedas ser. Hay muchas maneras de ganar dinero, especialmente si estás listo para dar un paso al frente y mantener una actitud de agradecimiento. Si haces esto, lo más probable es que llames la atención. En otras palabras, atraerás a las personas y circunstancias adecuadas para ayudarte a conseguir las oportunidades, recursos y dinero que desees.

Tal vez no tengas en este momento la calificación, las cualidades, la experiencia y un iPod lleno de buenos contactos. Pero la pasión, la intensidad, y los encantos son valiosísimos en cualquier situación. Estas cosas sí están a tu alcance.

Si vives quejándote todo el tiempo y le dices a todo el mundo lo injusta que es la vida, ¿cómo puede eso ayudarte a llegar adonde quieres llegar? Claro que no resuelve nada. Nadie quiere estar cerca de alguien que se está quejando todo el tiempo. Así que, a menos que tengas una hada madrina de verdad, nadie te va a venir a rescatar en una calabaza tirada por caballos.

Sin embargo, hay muchas historias de jóvenes que han sido sacados de la oscuridad por algún benefactor rico debido a su entusiasmo y su energía y su ambición de triunfar. De modo que no importa si estás preparando hamburguesas o fregando platos o trabajando de cajero en una tiendecita del barrio, debes siempre aspirar a ser el mejor preparador de hamburguesas, fregador de platos, o cajero que seas capaz de ser. Porque nunca sabes cuando Steve Jobs va a llegar a tu puerta. Claro, lo contrario también es cierto, y puede muy bien ser que la próxima puerta por la que *tú* entres convierta en realidad tu sueño laboral.

HÉROES
Steven Spielberg

Cuenta la leyenda que en su juventud el cineasta estrella Steven Spielberg no esperaba que la oportunidad le tocara a la puerta. Él mismo se encargaba de echar abajo la puerta. Recién graduado de la escuela de cine, Spielberg no se conformó con soñar lo que sería trabajar para un estudio de Hollywood. Él fue a ver el estudio en persona. Y después de hacer la visita turística regular de Universal Studios, Spielberg se quedó con deseos de ver mucho más.

Notó que todos los ejecutivos de Universal lucían más o menos igual – vestían de traje y llevaban portafolios. Así que se compró un portafolio, se puso un traje y una corbata, y entró por la puerta principal, saludando a un guardia de seguridad al entrar. Encontró una oficina vacía y se acomodó en ella. Y así, con acceso completo a los estudios de sonido y de filmación, Spielberg pudo sentarse en una de esas sillas de lona que usan los directores a observar y aprender de los mejores en el oficio. Se visualizó a sí mismo dirigiendo películas de éxito taquillero con algunas de las más grandes estrellas del mundo.

Varias semanas después de estar realizando esta farsa, un oficinista de la sección de nóminas lo descubrió. Pero el estudio no lo expulsó inmediatamente. Igual que la mayoría de la gente que ha oído la historia en Hollywood, los ejecutivos de Universal estaban impresionados por la audacia de Spielberg y le ofrecieron un empleo con salario y una oficina más grande. Poco tiempo después, Spielberg se convirtió en el director más joven en la ciudad, gracias a su entusiasmo, su pasión y su plan increíblemente astuto.

"Mi tarea es soñar".
Steven Spielberg, cineasta

SÉ APASIONADO

Claro, los estudios de cine tal vez han reforzado un poco su seguridad desde esa época. Y quizás hacer cine tampoco sea lo que te interesa a ti. Pero, así y todo, tienes que salir y colocar tu nombre en el foco de atención, por decirlo metafóricamente. Sé apasionado. Sé entusiasta. Busca las cosas que realmente te interesan, las que te gusta hacer. Y ten conciencia de que puedes tenerlo todo: una gran carrera, todo el dinero que necesitas, un lugar agradable donde vivir. Todo lo que se te ocurra.

La verdad es que hay suficientes oportunidades, dinero, recursos y abundancia en el planeta para ti y para todos los demás. Ten conciencia en lo profundo de tu corazón que es posible lograr todo lo que desees para ti. Opta por sentirte fabulosamente bien y tener pensamientos de abundancia. Porque tu mente es lo más valioso que tienes para atraer toda la riqueza que necesites para vivir la vida de tus sueños, hacer lo que te gusta, y que te guste lo que haces.

EL SECRETO ELEMENTAL

Toma el ejemplo de Jim Carrey y haz un cheque a tu nombre por un millón de dólares. Primero visita

www.thesecret.tv/secretcheck.pdf

para ver y copiar el cheque en blanco. Imprímelo y haz el cheque a tu nombre. Hazlo por una cantidad que creas que puedas recibir cómodamente en algún momento futuro. Ponle una fecha al cheque.

Ahora coloca el cheque en algún sitio donde lo veas a menudo. Puede ser tu espejo, o quizás tu billetera. Y no intentes sacar cuentas para saber cómo vas a poder llegar a esa cantidad de dinero en efectivo. Ese no es el propósito de esto. Sólo tienes que creer y sentirte bien, y sincronizarte con la idea de que puedes ser, hacer o tener lo que decidas. De ese modo el Universo conspirará para reunir a las personas, las circunstancias y los hechos que harán realidad tu deseo.

También puedes acelerar el propósito de tu millón de dólares. Simplemente usa algunas de las técnicas que se explican anteriormente.

GRATITUD

Siéntete agradecido por la abundancia y prosperidad que inevitablemente viene en dirección tuya. Trata de expresar un poco de gratitud futura. Simplemente asegúrate de que la expreses en términos presentes: "Estoy tan feliz y agradecido por mi abundancia y buena suerte". Y al sentir esa gratitud, no te detengas a preocuparte sobre cuánto tiempo le va a tomar a ese dinero llegar a tus manos, y cómo lo vas a obtener.

VISUALIZACIÓN

Como sabes, el dinero en sí no es más que un pedazo de papel en colores. De modo que es bastante difícil visualizar estos pedazos de papel en colores y emocionarse. Lo que *sí puedes* hacer es verte a ti mismo disfrutando del estilo de vida y la libertad que la riqueza te da. Imagina lo que comprarías con una cantidad ilimitada de dinero. Rodéate de fotos de las cosas que te gustarían. Siente la emoción de poseer esas cosas y compartirlas con tus seres queridos. Porque esa es la mejor parte de tener dinero: dar y compartir.

Una vez que alcances ese sentimiento de forma consistente – ese sentimiento de dar y proveer en lugar de no tener nada – entonces estarás en la onda del dinero. Y entonces jamás vas a volver a sentir escasez en tu vida.

Un último punto acerca del dinero: Bill Gates y Richard Branson se mencionaron antes, específicamente su generosidad y los miles de millones de dólares que han repartido o "diezmado", como a veces se le llama a esa práctica. La palabra "diezmo" significa "una décima parte", y la tradición dice que se supone que uno entregue un diez por ciento de lo que uno gana a obras de caridad. Eso puede ser un poco exagerado, especialmente si no tienes dinero en abundancia. Pero considera esto...

Hay una escuela de pensamiento que surge de las tradiciones místicas de la cábala judía, y que está totalmente sincronizada con la ley de atracción, que dice que todo lo que entregues te será devuelto multiplicado por diez. Tremendo efecto secundario, ¿no crees? Todo lo que des, te regresará multiplicado.

"Cuando eres bondadoso con alguien que está en dificultades, esperas que esa persona lo recuerde siendo bondadosa con otro. Y así se extenderá como un reguero de pólvora".
Whoopi Goldberg, actriz y comediante

HISTORIAS REALES

El secreto de Asher

Leí sobre esta idea de "dólares de la suerte" en el Internet y decidí probarla. Lo que haces es tomar un billete de $5 (o el billete de más bajo valor que puedas obtener) y con un marcador de tinta permanente escribes "Buena Suerte" o cualquier otro mensaje positivo. Entonces lo dejas en algún lugar visible donde alguien lo encuentre. En cualquier sitio que quieras. La única regla es que no puedes quedarte allí para ver quién lo encuentra. Es un acto azaroso de bondad, una especie de karma, que si haces algo bueno, algo bueno te regresa.

El caso es que dos amigos míos y yo nos fuimos a la ciudad con un montón de dólares de la suerte, y los pegamos en distintos lugares, como...

- *El techo interior de un tren*

- *Una columna en una estación de trenes*

- *Dentro de un periódico en una tienda 7-Eleven*

- *Dentro de una tarjeta de cumpleaños en un estanquillo*

- *En un paquete de chupetes en un supermercado*

- *En la puerta de un baño público*

- *Dentro de una cabina telefónica*

- *Dentro de un paquete de servilletas*

Imagino que encontrar aunque sean pequeñas sumas de dinero en un sitio inesperado te alegraría el día. Tal vez hasta te podría resolver un mal día. Desde mi perspectiva, siempre estoy pendiente de la buena suerte que pueda llegarme. Pero me divertí muchísimo escondiendo esos dólares de la suerte.

Asher, 15 años
Victoria, Australia

EL SECRETO Y LAS RELACIONES

CONECTAR Y PASARLA BIEN

Aunque no queramos admitirlo, la mayoría de nosotros desea recibir amor y respeto de los que nos rodean. Todo esto tiene que ver con las vibraciones tribales, ese sentimiento de encajar, pertenecer, o de ser apreciado y querido.

Pero a mucha gente la realidad los golpea y la vida no siempre se le presenta de la manera que hubiera deseado.

¿Te has sentido alguna vez incomprendido y totalmente solo?

¿Existen momentos en que te preguntas: "¿Por qué nadie me entiende?".

¿Y no te parece a veces que tus padres no tienen la más remota idea de los problemas que tú confrontas?

¿Y llega el punto en que piensas que pudieras simplemente desaparecer y nadie lo notaría?

Tristemente, mucha gente se siente así. Quizás tú te sientes así en este momento. O tal vez te has sentido así alguna vez.

Pero ahora que conoces **EL SECRETO**, puedes darle una vuelta al guión y aprovechar la ley de atracción para atraer relaciones nuevas y más emocionantes. Y puedes también sanar y reformar relaciones actuales. Incluso las que sufrieron ruptura y separación.

Lo cierto es que el que tus relaciones funcionan o no depende de los pensamientos que tienes en la cabeza.

¿QUÉ TENÍA EN LA CABEZA?

¿Alguna vez has notado lo fácil que es tratar de culpar a alguien que te cae mal o te irrita? Empiezas por señalar lo que *el otro* hizo mal, el costoso error que cometió. Lo cierto es que deberías señalarte a ti mismo. Claro, *él* puede haber hecho algo inapropiado. Pero hazte la siguiente pregunta: ¿Qué hiciste *tú* para atraer esa escena y esa conducta?

¿Qué estabas pensando *tú*?

Porque a eso es a lo que todo el mundo reacciona. Y eso es lo que estás atrayendo.

Esto puede decirse de toda relación – con los padres, los maestros, tus llamados amigos, o cualquiera que te esté mortificando. Todos responden a tus vibraciones y te están devolviendo lo que *tú* estás atrayendo.

Entonces mantente alerta. Si tienes una relación que no funciona en tu vida, es que hay algo malo en tu manera de pensar.

Por ejemplo, digamos que andas en busca de amor y respeto, pero tienes problemas con tu autoestima. En ese caso, estás proyectando una vibración que dice: "No soy digno de que alguien me ame y no merezco respeto". ¿Y qué estarás atrayendo?

Ni amor ni respeto. Ténlo por seguro.

CONSIDÉRATE BASURA, Y LAS MOSCAS VENDRÁN

Cuando no nos sentimos respetados ni amados y tenemos el ánimo por el suelo, es como si compráramos un boleto para la Calle Soledad. O sea, ¿quién disfruta la compañía de alguien amargado? Seguro que piensas que nadie, ¿verdad? Pues te equivocas. Otra gente amargada. Porque la amargura siempre anda buscando compañía.

Recuerda, la ley de atracción siempre está funcionando. Así que cuando sentimos lástima de nosotros mismos, atraemos a otros que también sienten lástima de *sí mismos*. A la gente que siempre anda quejándose les encanta encontrarse con otros para quejarse juntos.

Tienes que salir de esas situaciones lo más pronto posible porque quejándote nunca podrás cambiar nada. Es más, ¡lo único que eso te va a traer es más cosas de qué quejarte!

Así que el primer paso es cambiar la melodía. Déjate de dramas y cesa ya de estar difundiendo la amargura. En cuanto a tus compañeros de quejas, no te están ayudando y tú no puedes ayudarlos a ellos. A menos que seas un terapeuta profesional.

MÉDICO, CÚRATE A TI MISMO

Hablando de terapia, tú eres el único que puede curar tus propios problemas de autoestima. Cambia tu enfoque y comienza a sentirte bien por dentro. Atraerás a otras personas y relaciones positivas a tu vida. Y atraerás el amor y el respeto que añoras.

HÉROES

Leisel Jones

Leisel Jones era una joven precoz de 15 años de edad cuando irrumpió en la escena mundial ganando una medalla de plata en las Olimpiadas del 2000 en Sídney. Aclamada por ser la nueva ídolo de natación entre adolescentes, se sintió muy presionada cuando regresó a competir en Atenas cuatro años después. En Atenas le costó trabajo ganar una medalla de bronce y no pudo ocultar su decepción. Lamentablemente, la prensa y el público se dieron cuenta y la criticaron por su conducta inmadura e ingrata.

Lo que nadie sabía es que Leisel estaba totalmente destrozada por su fracaso. Sentía que había decepcionado a todo el mundo, especialmente a su madre que había renunciado literalmente a todo por Leisel. Con su sueño hecho pedazos, Leisel se sintió emocionalmente devastada.

Leisel creció a la vista del público sin tiempo para tener amigas ni salir con novios. Y, como todo adolescente, tenía la autoestima por el suelo. Terminó aislándose de todo y llegó a considerar abandonar su deporte. Como dijo ella: "Todo se volvió bastante oscuro". Finalmente, Leisel supo que algo tenía que pasar. Se dio cuenta de que tenía que aprender a quererse a sí misma antes de que otros pudieran hacerlo.

Y de ese modo, desde lo más profundo de su depresión y desesperación, Leisel tuvo un resurgimiento. Fue difícil, pero en doce meses había dado un vuelco a su vida. Y ahora que había aprendido a quererse a sí misma, otros comenzaron a quererla también. Finalmente tuvo su primer noviazgo estable, los patrocinadores comenzaron a apoyarla otra vez y hasta el público llegó a perdonarla.

Y su natación también mejoró. Aumentó su velocidad, se hizo más fuerte, se sintió más confiada y adquirió una mayor determinación. Leisel Jones rompió varias marcas mundiales en su camino hacia la consecución del sueño de toda su vida: una medalla de oro en las Olimpiadas del 2008 en Beijing. Y fue ella quien lo atrajo todo mediante pensamientos internos de amor.

Pensándolo bien, todo esto tiene perfecto sentido. Para encontrar amor y ganarse el respeto ajeno, tienes que *ser* todo amor y *ser* todo respeto. Tienes que sentirlo dentro de ti antes de que otros lo sientan por ti.

Muy bien. Ahora ya sabes que sentirte bien es la clave para lograr amor, respeto y relaciones fabulosas. Y seguro que estás pensando: "Claro, es más fácil decirlo que hacerlo".

Bueno, todo comienza con un solo pensamiento de amor y respeto hacia ti mismo. Puede ser algo tan sencillo como:

- Tengo un sentido del humor fabuloso.
- Soy inteligente y respetuoso.
- Tengo una perspectiva muy especial acerca del mundo.
- Soy ocurrente y agradable compañía.
- Soy bueno escuchando lo que otros tienen que decir.
- Soy leal y un tipo de amigo capaz de brindar su apoyo.

Hurga bien dentro de ti y trata de encontrar ese pensamiento con el que te puedes identificar, que te resulte auténtico. Concéntrate en ese pensamiento y entonces repítelo cuando te despiertes por la mañana, antes de acostarte por la noche, y muchas veces más durante el día. Al hacerlo, la ley de atracción estará presentándote cosas más impresionantes acerca de tu persona, porque estarás atrayendo más de lo que estás pensando. Atraerás más pensamientos "similares" y sentimientos más fuertes. Y en poco tiempo, ¡te sentirás tan seguro de ti mismo que podrás servirle de tutor al mismísimo Will Smith sobre el tema!

¡BUSCA Y LO ENCONTRARÁS!

Para sentirte seguro de ti mismo sólo tienes que llenarte de amor y sentirte bien acerca de *tu propia persona*. ¿Quieres una prueba? Considera esto...

Habrás notado que en cada fiesta, reunión o situación social en que te encuentres, el tipo más seguro de sí mismo es el que se ve rodeado de chicas *y* chicos desde el momento en que llega. ¿Por qué es eso? Pues porque proyecta una buena onda. Se siente bien acerca de su propia persona. Se divierte y, más importante aún, divierte a los que lo rodean. De ese modo atrae a una multitud. Es algo magnético.

¿Y como este tipo llegó a sentirse tan seguro de sí mismo? Lo más probable es que haya comenzado teniendo un único pensamiento positivo sobre sí mismo, y de ahí comenzó a desarrollarse. En cuanto a los chicos y chicas que lo rodean, se sienten atraídos por su confianza, carisma y respeto a sí mismo. Simplemente lo quieren porque *él* se quiere a sí mismo.

Y este es uno de los más grandes secretos. La mayoría de la gente piensa que la felicidad y el tener onda se origina en el amor y respeto que los demás sienten por ellos. Buscan amor y respeto para sentirse felices y tener onda. Pero es al revés. Busca tu propia felicidad primero y eso atraerá amor y respeto de los demás. Busca todo lo positivo que llevas dentro, concéntrate en esas cosas con devoción y proyecta esa vibración. Entonces relájate y disfruta del amor que te llega.

HISTORIAS REALES

El secreto de Cassie

Viví con mi mamá hasta los 12 años, y puede decirse que es ahí donde comenzaron mis problemas de falta de confianza y baja autoestima. Recuerdo que mi mamá siempre hablaba de lo gorda que ella pensaba que era, a pesar de que era flaquísima y apenas comía.

Hace un par de años, me obligaron a mudarme a la casa de mi papá debido a los problemas personales de mi mamá. He tenido dificultades en los últimos años con mis propios hábitos de comer, a pesar de que he vivido en un ambiente muy saludable en la casa de mi padre.

Leí El Secreto *hace como un año, pero al parecer no llegué a absorberlo totalmente porque continuaba teniendo dificultades. Hace algunos meses, mi papá y yo acudimos a un terapeuta para ayudarme con mi tristeza casi constante y mi baja autoestima. Me ha ayudado un poco, pero no fue hasta que leí por segunda vez* El Secreto *que comencé realmente a quererme a mi misma.*

Me he dado cuenta de que soy bella y perfecta tal como soy. He tratado de mostrarle a mi mamá, que ahora está en recuperación, el milagro de conocer El Secreto *y cómo podría ayudarla, pero a ella no parece interesarle. Pero yo sé que un día ella también sabrá lo bella que es. Aunque sea difícil a veces, hago mi mejor esfuerzo por mantenerme positiva cada día, y seguiré utilizando* El Secreto *en mi vida.*

Tienes que aprender a quererte a ti misma antes de poder verdaderamente querer a otra persona.

Cassie, 16 años
Michigan, EE.UU.

"Amarse a sí mismo es el comienzo de un romance que dura toda la vida".
Oscar Wilde, dramaturgo, poeta y autor

Cuando te amas a ti mismo, automáticamente atraes sentimientos de amor hacia otras personas alrededor tuyo. Del mismo modo, cuando amas a otras personas, ese hecho atrae sentimientos de amor de ellos hacia ti. Tu amor hacia ti mismo literalmente atrae el amor de otros. Les da una razón para amarte.

En cambio, si te empeñas en proyectar una imagen de odio hacia ti mismo, eso es lo que la gente ve. Y para ser completamente honesto, el odio a uno mismo no es algo muy amable que digamos. Especialmente si no te va bien el maquillaje exagerado ni los suéteres negros.

De modo que concéntrate en los aspectos positivos que definen tu persona. Colócate en un pedestal, sonríe para variar, y deja que tus inclinaciones características, tu calor y tu sentido del humor iluminen el mundo.

Una advertencia: es posible que a tus antiguos compañeros de amargura que no están acostumbrados a tu nueva personalidad les tome tiempo entender. Algunos no van a entender nunca. Puede que incluso se enojen contigo porque ya no estás abatido ni te odias a ti mismo ni te quejas.

¿Y quieres saber algo? No importa. La gente cambia. A veces se distancian. Si eso pasa, no tiene que ser necesariamente algo que lamentar. Simplemente acepta el hecho de que a veces los amigos se alejan para crear un espacio que otros amigos ocuparán en tu vida. Y seguramente estos nuevos amigos estarán totalmente en sintonía con la nueva persona feliz que eres.

Por supuesto, la ley de atracción no sólo funciona en tus relaciones con familiares y amigos. Puede darle también un serio impulso a tu vida romántica. ¿Cómo? Lo adivinaste. Con el poder de tus pensamientos.

LA PRIMERA IMPRESIÓN

¿Te ha ocurrido alguna vez que te ha gustado alguien pero no te decides a tomar acción por miedo? No das el primer paso ni tomas la iniciativa. Tal vez tenías miedo de lo que podía pasar (o no) cuando los demás se enteraran de cuáles eran tus sentimientos. A lo mejor te preocupaba no ser lo suficientemente bueno o que la situación luciera un poco estúpida.

Me atrevo a apostar que te ha ocurrido, ¿verdad? Le ha pasado a todo el mundo. Es como si te convirtieras en el personaje de Toby Maguire en la película Spiderman – aterrado de las consecuencias de invitar a salir a la mujer que le gustaba, Kirsten Dunst (y sin tener la más remota pista de que ella también estaba interesada en él).

¿Pero por qué? ¿Por qué la gente tiene tanto miedo de arriesgarse? Usualmente, porque no se sienten dignos o temen ser rechazados. Y eso se entiende. ¿A quién le gusta que lo rechacen? A nadie. Pero, si eso es lo que estás pensando, bienvenido a la Ciudad del Rechazo, en la cual tú eres el único habitante.

LA DESESPERACIÓN ES ANTI-ROMÁNTICA

En cambio, digamos que te armas del coraje suficiente para superar el miedo al rechazo. Entonces, al acercarte a esa persona que te gusta, probablemente te pongas nervioso y comiences a sudar, temblar, tartamudear. O sea, te sientes totalmente desesperado. Y como todo el mundo sabe, la desesperación es "anti-romántica". Tu enamorada tal vez no pueda definirlo o señalar el problema con exactitud, pero su instinto le hará pensar: "Evítalo a toda costa. Tiene una carga emocional extraña".

De manera que lo que necesitas es esto: en lugar de rechazo, piensa en afectuosidad, en selección, en un cambio de rumbo y, sobre todo, piensa en la perfección.

Cambia tus pensamientos y date cuenta de que mereces la atención de esta persona. Entonces visualízate saliendo con ella, divirtiéndote, riéndote y disfrutando de mutua compañía. ¡Mira el resultado que deseas *primero*, y luego lánzate!

Si está destinado a que pase, entonces pasará. En el mejor de los casos, terminas locamente enamorado y feliz para toda la eternidad al estilo Hollywood. Y si no se da, no te estreses. Si no se te da cuando estás en este estado mental es porque el Universo tiene reservado algo mejor para ti. Y no dudes de que te llegarán otras oportunidades ahora que has elevado tu manera de pensar. Ya no estás sumido en sombríos pensamientos de rechazo. Ahora todo gira alrededor de la afectuosidad, la selección, un nuevo rumbo y la perfección. Así que, aunque te enamores o no, estás a punto de que te ocurra algo emocionante.

NO ESTÁ ENAMORADA DE TI

Bueno, esa última parte puede parecer un poco difícil de aceptar, especialmente si estás padeciendo de la odiosa Unasolitis (o sea, que estás obsesionado con una sola persona en particular). Y si estás en esa situación, puedes sentir confusión y preguntarte por qué no puedes utilizar *EL SECRETO* para lograr el deseo de tu corazón. Incluso, puedes estar pensando que la ley de atracción te ha fallado. O que la ley tiene algún tipo de falla. Después de todo, *EL SECRETO* nos dice que somos capaces de atraer todo lo que pensemos, ¿no es así?

Bueno, lo que tenemos que recordar es que sólo tú puedes controlar tus propios pensamientos y tus propios sentimientos. No puedes controlar los pensamientos y sentimientos de los demás. En serio. Esto no es *La Guerra de las Galaxias*. *EL SECRETO* no ejerce un control tipo

Jedi sobre la mente. No puedes obligar a alguien a hacer algo – como enamorarse de ti – en contra de su voluntad.

Es como cuando el Genio del *Aladino* de Disney explica las reglas sobre los tres deseos. ¿Recuerdas? Él dice que no puedes obligar a nadie a enamorarse de ti. Bueno, el que escribió *Aladino* conocía bien la ley de atracción, porque esa es exactamente la regla de la vida: no puedes obligar a alguien a enamorarse de ti en contra de su voluntad.

Piensa en eso. ¿Cuál es tu verdadero deseo? ¿Amor y romance?¿Encontrar tu pareja perfecta? ¿O quieres comenzar un romance con alguien en particular aunque ello signifique estar con una persona que no está enamorada de ti?

¿Qué resultado crees tú que eso va a tener? Resentimiento, una ruptura desagradable y sufrimiento garantizado. Eso no es lo que tú quieres. Lo que tú quieres es amor y romance, pero también felicidad. Tu quieres una pareja *perfecta*.

Así que trata de olvidar a alguien específico por un momento. Es más, no pienses en alguien conocido, ni en alguien desconocido. No pienses siquiera en una persona. Concéntrate mejor en un sentimiento, una vibración sobre tu pareja *ideal,* tu conexión óptima. Simplemente imagina cómo sería esa experiencia. Tus sentidos, el latir de tu corazón, cómo se sentiría todo eso.

Quién sabe si acabes por lograr una relación con esa persona que te gusta. O quizás haya alguna otra persona conocida que sea perfecta para ti, pero a quien nunca viste bajo esa luz. O tal vez haya alguien aún mejor a punto de entrar en tu vida.

Confía en que el Universo te dará lo que necesitas. Sintoniza la vibración correcta y permite que la atracción ideal te llegue... *cualquiera* que sea.

EL SECRETO ELEMENTAL

Cuando los guionistas de cine escriben temas románticos, su mayor desafío es crear personajes compatibles, parejas perfectas. Para ello emplean mucho tiempo desarrollando a estos personajes con descripciones de quiénes son, de dónde vienen, cuáles son sus intereses, etc. Y tú puedes hacer exactamente lo mismo con los personajes de tu propio romance.

PIDE

Toma tu cuaderno y dedica unos minutos a describir *tu* pareja perfecta. Crea una imagen en tu mente de esta futura "alma gemela" y comienza a escribir. Emplea la cantidad de detalles que prefieras. Depende de ti si decides escribir unas pocas oraciones o un par de páginas. Pero no olvides que la idea es evitar describir una persona real que te gusta y en la que estás pensando. Ésa no es tu tarea en este momento. Concéntrate más bien en el "prototipo", cómo sería esa persona y qué cosas le gustarían.

Puedes describir detalles físicos si quieres: color del pelo, los ojos, la piel, estatura, peso, medidas. Lo que quieras. Pero no te quedes estancado en lo físico. La personalidad resulta un elemento clave. Y las afinidades son esenciales. Recuerda que estás creando a tu pareja perfecta.

Aquí van algunas ideas del tipo de detalles que podrías considerar:

- Sentido del humor
- Inteligencia
- Aptitudes atléticas
- Sentido de la moda
- Hobbies
- Interés en tareas voluntarias
- Gusto por la música
- Películas favoritas

¿Completo? ¡Fenomenal!

Ahora que ya tienes una descripción, es el momento de sentir la vibración de lo que has descrito en un nivel *emocional*. Por ejemplo, imagina que tu nueva alma gemela y tú ya se han conocido y se sienten atraídos mutuamente. ¿Cómo se sentiría eso? Cierra los ojos y trata de sentir la emoción de conectar con esta persona ideal, tu alma gemela. Siéntelo en el corazón. Siente la cálida cosquilla.

CREE

Pon en acción tu atracción escribiendo cosas que imaginas que esta persona y tú hacen juntos: bailar, ir al cine, caminar por la playa, enviarse textos por teléfono cincuenta veces al día. Lo que te venga a la mente. No olvides incluir muchos detalles. Tales como el modo en que se relacionan entre ustedes, cómo esta persona te trata y cómo te hace sentir.

Al escribir estas escenas, visualízalas e imagina la visión, los sonidos, los olores, todas las sensaciones. Si puedes convertir la escena en una experiencia multisensorial, sentirla en varios niveles y fijarte ese pensamiento-creencia en la mente, habrás avanzado en el camino de hacerla realidad.

RECIBE

A lo mejor piensas que resulta un poco extraño invertir tiempo en describir una relación que ni siquiera existe todavía. Bueno, puede ser extraño, ¡pero funciona! Escribir acerca de tu pareja ideal te ayudará a sentir las cosas que irían bien en esa relación perfecta. Y si puedes de veras imaginar estas experiencias en tu corazón y tu mente, comenzarás a proyectar una onda completamente diferente. Si logras mantener eso, no hay duda de que atraerás un romance más allá de tus más ambiciosos sueños. Y no sólo cualquier romance. Como concebiste el personaje perfecto, atraerás una pareja prácticamente hecha en el cielo.

CREA PERSONAJES PARA TU VIDA

Este truco de "crear" personajes no sólo funciona en las cosas románticas. Puedes aplicar la misma técnica a todas tus relaciones. Desde tus relaciones con familiares y amigos hasta las de maestros, compañeros de clase o incluso alguien en la escuela o en el trabajo que te disgusta. La única diferencia es que no estás realmente asignándole nuevos papeles a estos personajes. No estás necesariamente buscando remplazar a estas personas en tu vida. Simplemente estas reescribiendo la manera en que quieres relacionarte con ellas.

Y eso es crucial en todas tus relaciones. No importa lo que alguien haga para disgustarte. Siempre puedes escoger la manera de reaccionar. Puedes escoger entre disgustarte o dejarlo pasar. Si escoges enfadarte, entonces pregúntate: "¿Cuál es mi próxima movida?" ¿Vas a quedarte disgustado o se te va a pasar? ¿Vas a escoger concentrarte en la amargura, o en apreciar a esta persona y agradecer cualquier cosa positiva que traiga a tu vida? La decisión es tuya.

Al final lo importante es esto: en las relaciones todo se reduce a la manera de relacionarse.

SIETE COSAS TUYAS
QUE ~~ODIO~~ *ME GUSTAN*

De modo que la próxima vez que tus padres te hagan sentir mal, o que un amigo de repente te muestre su peor cara, concédele un poco de espacio y trata de identificarte con su circunstancia. Trata de entender su situación desde la perspectiva de ellos. Entonces toma papel y tinta y escribe algunos pensamientos positivos que te vengan a la mente acerca de esa persona. Esto es exactamente lo contrario de un libro de quejas – lo estás llenando con *buenos* pensamientos.

Claro, tener buenos pensamientos sobre alguien que te está haciendo la vida miserable es algo que es más fácil decirlo que hacerlo. Así que empieza modestamente. Trata de hacer una lista de siete cosas que verdaderamente aprecias de esa persona. (Puede que tengas que ser creativo, pero puedes hacerlo). Haz esto durante algunos días seguidos, y genuinamente *siente* aprecio y gratitud al hacerlo, y la relación cambiará delante de tus ojos.

HISTORIAS REALES

El secreto de Jason

He tenido un año realmente difícil y ocupado. Muchas cosas se han dicho de mí, y había este tipo cuya misión parecía ser hacerme sentir miserable. ¡Tal parecía que trataba por todos los medios de hacerme sentir desgraciado!

Supe de El Secreto *y leí el libro primero. Después vi la película. Comencé a compartir* El Secreto *con amigos, familiares y maestros.*

Mi objetivo principal era simplemente sentirme feliz en la escuela. Según El Secreto, *lo único que tenía que hacer era ver algo, para luego lograrlo.*

Empecé a visualizarme como alguien popular en la escuela. Con magníficas relaciones con mis amigos y sin verme acosado o confrontado por nadie.

De una manera increíble, ahora todo el mundo es amable conmigo. ¡Hasta mi enemigo ha cambiado! Ocurrió de la siguiente manera...

Él estaba sentado con un grupo grande de amigos, y yo tenía que pasar por el lugar. Esperaba lo peor. Entonces recordé lo que había visualizado. Pasé junto al grupo sin problemas. Al pasar de regreso junto a ellos, mi enemigo me llamó. Fui hasta donde él estaba con la esperanza de que no fuera a hacerme algo malo. ¡Comenzó a hablarme como a un compañero! Sus amigos comenzaron a elogiar mis logros. ¡Fue fabuloso!

Atraje eso y otras cosas hacia mí mediante el uso de El Secreto. *Puedes comenzar AHORA MISMO a cambiarlo TODO.*

¡HAZ DE TU VIDA LO QUE QUIERAS HOY!

Jason, 15 años
Johannesburgo, Sudáfrica

En un final, es realmente bastante simple. La clave del éxito en cualquier relación es sencillamente ser fiel a ti mismo y sentirte fenomenal. *Eso es todo.* Si haces eso, entonces no tendrás más remedio que proyectar una vibración positiva y atractiva. Te sentirás como si el Universo entero estuviera trabajando para ti y atraerás gente de onda hacia ti.

Y lo más probable es que tus peores enemigos cambien su actitud y se vean del lado tuyo sin siquiera saber cómo ocurrió. ¿No lo crees? Haz la prueba. Es posible que te sorprendas por la rapidez con que las cosas pueden cambiar.

De modo que hazte el propósito de ver lo mejor en cada persona. Y lo mejor regresará a ti. Si cambias tus pensamientos, tendrás el poder para cambiar todas tus relaciones. Entonces estarás listo para conectar, pasarla bien y tener una vida mejor. Ése es **EL SECRETO**... sobre las relaciones.

EL SECRETO Y LA SALUD

DOCTOR, ¿CÓMO ME ENCUENTRA?

Has notado cómo estamos constantemente bombardeados con propaganda sobre la salud y el cuerpo? Esto se ve bien, aquello no se ve bien. Haz estos ejercicios, come esto, no comas aquello. ¡No en balde tantos de nosotros andamos llenos de preocupaciones!

Pero ése es precisamente el problema. Toda esta presión no es más que una ingeniosa campaña de mercadeo para obligarnos a comportarnos de cierta manera. El hecho es que tu persona está en constante desarrollo, y nadie tiene derecho a faltarte el respeto o criticarte o juzgarte.

En serio. ¿Te imaginas a Will Wright, el tipo que inventó el juego Los Sims, disgustándose porque alguien del equipo que prueba productos nuevos publicó una crítica negativa de su juego cuando aún estaba en pleno desarrollo? ¿Por qué se va a estresar él por algo que interfiere con sus vibraciones? Su éxito es indiscutible. Y el nuevo juego ni siquiera está terminado.

Bueno, pues igual que Will Wright, tú estás en el proceso de crear tu propio triunfo. Claro que tú no eres el juego de Los Sims. No eres una simulación ni un juego. Eres *TÚ*. Y, al igual que Wright, no necesitas prestar atención a críticas negativas acerca de tu persona. No necesitas leer todas esas revistas de moda insinuando que luces como si hubieras salido del estudio de *Betty la fea*. Lee nada más que las cosas que te hagan sentir bien. Haz sólo las cosas que te hagan sentir bien, que te hagan sentir *todo eso* que te produce extraordinaria satisfacción.

Y tienes que sentirte bien acerca de ti mismo. Porque si te ves como *Betty la fea*, ésa es una vibración poderosa y seguirás atrayendo pensamientos feos acerca de tu cuerpo. Nunca cambiarás si te sientes inactivo y constantemente criticándote y encontrándote defectos. Es más, lo único que lograrás es atraer más de lo que te estás quejando. Que eres demasiado gordo, demasiado flaco, demasiado pálido, demasiado *lo que sea*. Tranquilízate.

AMA A LA PERSONA QUE ESTÁ CONTIGO

Concédete un poco de amor y respeto. Date crédito por cada pulgada cuadrada de tu cuerpo. Formula algunas afirmaciones positivas. Prueba con algunas de las siguientes:

- "Sólo veo perfección".
- "Tengo el cuerpo ideal para mí".
- "Me mantengo en forma y saludable".
- "Estoy bien hecho".
- "Soy fuerte".
- "Me gusta mi cuerpo tal como es".

O inventa tus propias afirmaciones para hacerte sentir bien acerca de tu apariencia.

Busca la película *Hairspray*. Es un clásico desafío al mito de belleza adoptado por nuestra sociedad. Fíjate como Tracy Turnblad no permite que su gordura la distraiga de su sueño de convertirse en una bailarina de televisión. Simplemente continúa bailando y dándole a su talento natural la oportunidad de brillar. Y cuando se sobrepone a su adversidad, y a su bella y delgada rival Amber, nos damos cuenta de que la belleza no está hecha sólo para las mujeres de talla 1. Tiene más que ver con lo que pensamos y cómo nos sentimos por dentro.

> *"No puedes detener mi felicidad,*
> *porque me gusta ser somo soy".*
> Edna Turnblad, en Hairspray

Lo mismo se aplica a los hombres. Si al mirarte al espejo esperas ver a un guerrero espartano como los de la película *300* con abdominales perfectos, pectorales abultados y brazos musculosos, puede darte tranquilidad conocer que a esos tipos los alteraron digitalmente para lucir de esa manera. Qué bueno sería que pudiéramos contar con un proceso digital personal para realzar nuestros cuerpos, ¿verdad?

La realidad es que tener un estómago con músculos definidos no va a hacerte feliz, aunque puedes pensar que tu gordura o tu delgadez es lo que te está haciendo infeliz. La felicidad sólo puede llegarte desde dentro. Es una tarea interna. Atraes la felicidad del mismo modo en que atraes a la gente, las circunstancias y cualquier evento en tu vida. Tu atracción es algo que ocurre en tu interior. Tu magnetismo se origina dentro de ti.

Observa lo siguiente: si tomas un imán y lo pintas de un color feo, ese imán no pierde sus propiedades. Seguirá atrayendo. Su magnetismo no proviene de la superficie pintada. Proviene de su núcleo magnético. Lo mismo ocurre contigo. No tiene que ver con la piel bronceada o poseer una gran complexión o tener una cabellera hermosa y abundante. Es lo que tienes dentro lo que atrae a otras personas hacia ti. Debes usar tu felicidad interior para desarrollar tu núcleo magnético.

Así que... tranquilo. Dale a tu cuerpo un descanso y toma la decisión de ser feliz **AHORA**. Pronto descubrirás que tu magnetismo interior es mucho más atractivo que cualquier pectoral abultado o un cuerpo fabuloso. Además, si tú no tienes la personalidad o el encanto o la felicidad dentro de ti, a nadie le va a interesar cómo luces en un traje de baño.

A FLOR DE PIEL

Nada de esto quiere decir que no puedes cambiar tu apariencia, si quieres, mediante el uso del poder de la mente y la ley de atracción. Por ejemplo, digamos que tú quieres utilizar **EL SECRETO** para tener una piel fenomenal. ¿Crees realmente que puedes cambiar tu cutis usando el poder de tus pensamientos? Por supuesto que sí. Es más, lo más probable es que ya lo hayas hecho en algún momento, aunque al revés.

Como cuando te sale una erupción de acné unos días antes del baile anual de la escuela o cualquier otro evento importante. O tal vez el problema ni siquiera comenzó contigo. A lo mejor a tu mejor amigo o amiga le sale un grano en la punta de la nariz. Lo notaste y a lo mejor hiciste algún chiste sobre el tema. Y, de repente, como si hubiera una epidemia de granos, te sale a ti uno en el medio de la frente. Es la ley de atracción atrayéndote granos.

Entonces comienzas a obsesionarte. ¿Y qué ocurre? Se te pone peor la piel. Entonces te estresas, y se pone peor aún. Llega el momento en que posiblemente comienzas a sospechar que es tu obsesión por estos granos lo que los sigue creando. La ley de atracción ataca otra vez. Pero es razonable pensar que, si eres capaz de afectar desfavorablemente tu apariencia – si puedes atraer un grano utilizando **EL SECRETO** – entonces puedes curarte la piel usando el mismo poder mental. ¿Pero cómo lograrlo?

Tienes que romper ese ciclo. Cesa de obsesionarte por lo que no deseas. Deja de obsesionarte por granos en la cara. Simplemente úntate tus cremas y lociones, y deja tu piel tranquila. Olvídate de ella. Mírate perfectamente limpio de todo grano. Visualízalo. Creelo. Una crema o polvo cosmético para cubrir el grano puede ser útil porque te ayuda a creer. Expresa gratitud por tu piel limpia y libre de granos. Y no le concedas más poder mental a la posibilidad de tener problemas con la piel. Si te olvidas del asunto y logras creer de verdad, pronto atraerás una piel perfecta.

HISTORIAS REALES

El secreto de Shannon

Quiero mucho a mi hermana y yo sabía que ella podría beneficiarse con El Secreto. *Pero dudé discutirlo con ella porque sabía que se mostraría escéptica. Le empecé a hablar del tema de todos modos y, efectivamente, me preguntó si yo estaba loco, ja, ja. Pero mientras más le hablaba del asunto, me pareció que más dispuesta estaba a escucharme.*

Mi hermana siempre ha tenido la piel realmente mala. Tuvo acné durante años. Un día estaba ella en mi casa y me di cuenta por qué tenía ese problema con la piel y con su autoestima. Se miraba al espejo y decía: "Ay, odio mi piel. Es tan mala. Mira esas bolsas debajo de los ojos. Hoy luzco horrible. Hoy me siento horriblemente mal". Le dije: "¡Basta! Lo empeoras con esa actitud. Estás atrayendo todo eso hacia ti y más nunca se va a resolver el problema". Respondió: "Claro, Shannon, lo que sea, bla bla bla, y siguió con su actitud". De todos modos le di una copia de la versión del libro El Secreto *en audio (lo cual fue bueno porque ella no es capaz de sentarse a leer nada que no sea la revista* Us Weekly*).*

Comenzó a entusiasmarse con el libro, y su actitud y mentalidad empezaron a cambiar. Una semana después vino a mi casa y casi todo el acné había desaparecido. Le dije: "¡Dios mío, qué bien tienes la piel!" Y me respondió: "Gracias, he estado utilizando El Secreto *para curarme la piel".*

Shannon
California, EE.UU.

EL SECRETO ELEMENTAL

Como millones de otras personas, es posible que ya tengas una presencia en foros del Internet y en sitios electrónicos donde socializar y conectar como Facebook, Twitter y MySpace, además de utilizar los servicios de comunicación instantánea o de vídeos de charlas como Yahoo, Skype y Windows Live. En ese caso, sabrás que estos servicios brindan cierto grado de personalización que te permiten tomar posesión más o menos de tu espacio.

Por ejemplo, puedes escoger un ícono o imagen que te represente en el espacio electrónico. La mayoría de las personas escoge alguna foto genérica de algún sitio de ilustraciones generales. Pero ahora tienes la oportunidad de crear un ícono diseñado especialmente para ti que represente una visión *ideal* de tu persona. Y como ésa será la imagen que miles de millones de personas en todo el mundo electrónico podrán ver de ti, debes tratar de lograr algunas vibraciones poderosas para ayudarte a visualizar y crear una imagen perfecta de tu persona.

De modo que, si actualmente tienes una identidad electrónica aburrida y genérica, es hora de que te lances a una transformación electrónica total. Y como primer paso, toma una foto favorita tuya, digital o escaneada, y retócala para realzarla. Haz una búsqueda en Google de "íconos caricatura" y encontrarás montones de sitios dispuestos a tomar tu rostro y convertirlo en un dios amazónico, un superhéroe, un campeón de físiculturismo o un guerrero Ninja en una serie de estilos artísticos que van desde fantasías pintadas con aerógrafo hasta caricaturas, animaciones, *Los Simpsons* y muchos más. Y, por supuesto, te van a crear un cuerpo perfecto e incluso colocarte en medio del entorno que escojas.

Coloca esa imagen en tu página en MySpace, Yahoo o Facebook y adopta una actitud de confianza electrónica que te haga sentir seguro de ti mismo y que corresponda con esa nueva imagen. Asegúrate además de que tus datos biográficos, tu estatus y tus intereses personales actualizados no hagan mención de ánimos caídos o actitudes negativas. Procura que toda tu imagen electrónica sea positiva como resultado de tus esfuerzos por crear una nueva identidad y libere eventualmente a un tú totalmente nuevo.

SALUD POR OMISIÓN

Utilizando la ley de atracción, es posible cambiar aspectos de tu cuerpo y tu apariencia para bien o para mal. De modo que, de manera similar, puedes aplicar ese recurso a tu salud, algo que ya las mentes más ilustradas de la profesión médica están comenzando a descubrir.

Considera lo siguiente: cada pensamiento tuyo y cada emoción relacionada con ese pensamiento libera sustancias químicas a través de todo tu cuerpo. Los pensamientos positivos equivalen a sustancias químicas positivas, lo cual es una noticia fenomenal. Los

pensamientos negativos equivalen a sustancias químicas negativas, y ésa no es una buena noticia. Conoces
a personas que se enferman de tanto preocuparse, ¿no
es cierto? Eso ocurre porque cuando constantemente
tienes pensamientos negativos, el estrés crea sustancias
químicas negativas en tu cuerpo, y esa química negativa te afecta el sistema inmunológico. Es inevitable que
atraigas enfermedades.

El problema es que el estrés causa enfermedades, y lo
único que hace falta para tener estrés es tener un solo
pensamiento negativo. Puede que sea algo simple,
como "llegó la época de la gripe... espero que no me
dé". Y cuando ese pensamiento no se controla a tiempo,
surge otro como "no me siento bien... ojalá que no me
esté dando un catarro". Y luego surge otro: "¿Cómo voy
a poder estudiar para mis exámenes con este catarro que
tengo?" Y después: "¿Y cómo voy a pasar mis exámenes
si no me pongo a estudiar?". Y finalmente: "¿Cómo voy
a poder matricularme en la universidad si suspendo mis
exámenes?".

Y así se desarrolla una línea de pensamiento que a su
vez atrae otros pensamientos, y más y más, hasta que el
estrés se instala en tu cuerpo y se manifiesta como una
enfermedad. El efecto es la enfermedad, pero la causa es
pensar negativamente y sentir miedo. Y todo comienza
con un pequeño pensamiento. Claro, puedes utilizar esto
a tu favor optando por concentrarte en pensamientos de
una salud perfecta. Y entonces atraerás una salud perfecta.

NO AFIRMES EL GERMEN

Otra cosa que muchos hacen cuando están enfermos es hablar del tema con cualquiera. Lo hacen porque eso es lo que están *pensando* todo el tiempo. Están simplemente verbalizando sus pensamientos. Pero la cuestión es la siguiente: si te sientes miserable, no hables del tema a menos que quieras sentirte peor. Acepta que tus pensamientos iniciales tienen la culpa de haber atraído la enfermedad. Ya se sabe que fue un error tuyo. Pero déjalo ya. Olvídalo. Lo que tienes que hacer es repetir mentalmente lo más que puedas: "Me siento fenomenal. Estoy perfectamente bien". Y decirlo con convicción. *Sentirlo* realmente.

Si no estás muy bien de salud y alguien te pregunta cómo te sientes, cállatelo. Nunca digas: "Estoy enfermo". Eso es como identificarte con la enfermedad. Es presentarte como si tú fueras la enfermedad: "Hola, encantado de conocerlo. ¡Mi nombre es Amigdalitis!".

Ese no eres tú. Esa es la manera en que una parte de tu cuerpo se siente temporalmente. En serio. Piensa en lo que atraes cuando dices en voz alta: "¡Estoy enfermo!". Lo que haces es atraer más enfermedades.

SUELTA LAS ALERGIAS

Lo mismo pasa con las alergias. Muchos se vuelven alérgicos como quien adopta una nueva moda. La última moda de primavera, por ejemplo. Excepto que esa moda la provoca el meteorólogo por radio que te dice que el índice de polen va a estar alto ese día. Y ahí comienza tu nueva moda. Ojos soñolientos y rojos, estornudos, la nariz enrojecida con toda clase de mucosidades. No exactamente una moda chic, ¿verdad?

Así que ignora la alergia y la enfermedad y habla sólo de lo que deseas. Y entonces si alguien te pregunta, "¿Cómo te va?". le respondes: "¡Fabulosamente bien! ¡Fenomenal! ¡Como en un sueño!". Porque así es como deseas sentirte.

ALEJA EL MAL AJENO

Otra cosa: también puedes atraer enfermedades si andas con un amigo que se pasa todo el tiempo quejándose de su enfermedad. Escuchándolo, te pones a pensar y te concentras en su enfermedad, y cuando pones la mente en algo, es como si lo estuvieras pidiendo. Entonces, ¿qué crees que va a pasar? Puedes atraer la enfermedad hacia ti. Y eso tampoco va a ayudar a tu amigo, pues le estás insuflando energía a su enfermedad.

Si de veras quieres ayudar a esa persona, cambia la conversación hacia temas positivos, saludables, afirmativos, de bienestar. Y si no, apártate de él. Y cuando te vayas, sintoniza tus pensamientos y sentimientos más poderosos con tus vibraciones para que tu amigo se ponga bien, y sigue tu camino.

"El secreto de la salud, tanto para la mente como para el cuerpo, es no lamentar el pasado, no preocuparse por el futuro y vivir el presente con sabiduría".

Buda, maestro espiritual

EL MÉDICO SABE

Con los avances médicos de hoy sería una locura no seguir los consejos del médico, especialmente si has atraído alguna curiosa enfermedad a tu cuerpo. Sin embargo, de vez en cuando surge un caso que deja perplejos a los cerebros más privilegiados de la medicina, lo cual prueba el inmenso poder de la mente sobre la materia.

HÉROES

Frank Capra

En la época de oro de Hollywood, el reconocido director de cine Frank Capra acababa de ganar su primer Oscar, pero estaba totalmente estresado sobre cómo alcanzar nuevos éxitos y mantenerse a la altura de los elogios y la expectativas. Lo que realmente hubiera querido hacer era renunciar y abandonarlo todo. Pero tenía un contrato con Columbia Studios para hacer dos películas y tenía que cumplir. O tal vez no. Capra pensó que si se enfermaba, no podían esperar que trabajara. Y eso fue lo que hizo. Fingió estar enfermo, engañó a los médicos y se quedó en su casa sin hacer nada. Claro, ni el estudio ni los médicos se resignaron a esa realidad. Ordenaron toda clase de exámenes y llegaron a conclusiones asombrosas: la fiebre le subía rápidamente, y le descubrieron una mancha en un pulmón. A Capra le hizo gracia el diagnóstico: tuberculosis, neumonía o alguna otra enfermedad.

El ánimo jovial de Capra se transformó en preocupación cuando de verdad comenzó a sentir los efectos de la enfermedad. Al parecer, todos esos pensamientos sobre enfermedades lo estaban enfermando gravemente de verdad, y se vio postrado y virtualmente al borde de la muerte.

Entonces un buen día Capra en su lecho de enfermo recibió la extraña visita de un hombre a quien nunca había conocido. El hombre le pidió que escuchara en la radio una diatriba de Hitler llena de odio. Entonces amonestó a Capra por no utilizar su propia voz para hablarle a los cientos de millones de fanáticos del cine que se sentían inspirados por sus películas. El hombre le dijo que era una cobarde afrenta a Dios negarse a utilizar su talento natural. Especialmente cuando el mundo necesitaba de su esperanza y maravillas en un momento en que enfrentaba tanta miseria y sufrimiento y se hablaba de una guerra mundial. La vergüenza movió a Capra a tomar acción. Se levantó del lecho de enfermo y se obligó a recuperarse.

Frank Capra ganó su segundo Oscar al año de haber hecho su regreso. Y el tercero dos años más tarde en la racha más exitosa que haya tenido un cineasta en la historia de Hollywood. Capra nunca más perdió un día por enfermedad.

El caso es que con el poder de tu mente es posible contraer una enfermedad crónica. Pero es igualmente posible superar cualquier enfermedad. Frank Capra se las arregló para hacer ambas cosas.

Si estás en esa situación, o si estás genuinamente enfermo, lo primero que tienes que hacer es actuar inteligentemente y llamar a un médico. Deja que los médicos hagan lo suyo mientras tú aceptas tu parte en el caso. Cobra conciencia de que tu propio poder para influenciar e incluso curar tu enfermedad depende de que cambies ahora mismo tu forma de pensar. Y cualquiera – no importa la enfermedad crónica que haya atraído – puede optar por cambiar sus pensamientos... ***AHORA***.

Los milagros existen. Eso es un hecho. ¿No me lo crees? Considera lo siguiente:

- Al campeón de ciclismo Lance Armstrong se le diagnosticó un cáncer testicular que se le había extendido a los pulmones y el cerebro. El médico le dijo que con suerte apenas sobreviviría, mucho menos volver a montarse en una bicicleta. Pero Armstrong estaba resuelto no sólo a sobrevivir, sino a mejorar. Se sometió a un tratamiento radical y a un programa de ejercicios intensivos que le permitieron regresar a competir en pocos meses y que culminó en siete victorias consecutivas en La Vuelta a Francia.

● Jason McCartney, jugador de fútbol australiano, fue víctima de ataques con bombas en Bali en 2002 y sufrió heridas por fragmentos de metralla y quemaduras de tercer grado en el 50% de su cuerpo. McCartney estuvo en coma durante una semana y le oficiaron los últimos ritos una noche cuando los médicos temieron que no sobreviviría. Apenas dos meses más tarde, McCartney se recuperó y realizó el sueño de casarse con su prometida, seguido de un regreso triunfal al fútbol la siguiente temporada.

● Halle Berry, actriz ganadora de un Oscar y un Emmy, recibió por primera vez un diagnóstico de diabetes un día que se desmayó en un estudio de filmación. La prognosis que se le dio fue que tendría una dependencia de la insulina para el resto de su vida. Pero mediante una estricta combinación de dieta y estilo de vida, Berry ha mantenido su condición estable.

Claro, toda esta gente famosa tuvo acceso a los mejores recursos médicos para ayudarlos a superar la adversidad que confrontaban. Pero contaban además con el recurso vital de sus mentes.

Y lo mismo puede ocurrirte a ti. No importa cuál sea tu situación, tienes que ser capaz de *imaginar* el camino hacia una salud perfecta. Independientemente del tipo de enfermedad que se haya manifestado en tu cuerpo, independientemente del diagnóstico, tú puedes ayudar a cambiarlo. Puedes atraer una mejor salud con el poder de tu mente mediante pensamientos consistentes y positivos.

Y con esos pensamientos consistentes tienes que concentrarte únicamente en tu bienestar. No puedes estar pensando en luchar contra la enfermedad y sobreponerte a la adversidad o la gravedad de tu estado de salud. Porque la ley de atracción te concederá exactamente aquello que es objeto de tu concentración: más lucha, más enfermedad, mayor gravedad.

EL MÉDICO CURA; LA NATURALEZA CREA BIENESTAR

Nada de esto quiere decir que puedas darte el lujo de ignorar la opinión de tus médicos o rechazar la medicina. Porque la mente y la medicina, utilizados juntos, forman la cura más formidable que existe. Es un esfuerzo conjunto. Especialmente en medio de una crisis seria, la medicina puede ayudarte a lidiar con el dolor y otras complicaciones, síntomas y efectos secundarios. Ya sea mediante medicamentos, tratamiento, cirugía, o lo que sea, la medicina ayuda a eliminar las distracciones causadas por la enfermedad para que así tú puedas hacer tu parte, que es concentrar tu mente y energía en una salud y un bienestar perfectos. Eso le permite a tu cuerpo hacer exactamente lo que está diseñado para hacer: sanar.

Dicho con claridad, es tan fácil curar una enfermedad como eliminar un grano. El proceso es idéntico. La única diferencia está en tu mente. De modo que si *has* atraído a tu vida algún desagradable trastorno de salud, redúcelo mentalmente al tamaño de un grano. Elimina todo pensamiento negativo y concéntrate en una salud perfecta.

> *Creo y sé que nada es incurable. En algún momento de nuestra historia, toda enfermedad considerada incurable se ha logrado curar. En mi mente y en el mundo que yo mismo invento, la palabra "incurable" no existe... Es el mundo donde los "milagros" ocurren diariamente. Es un mundo en el que rebosa la abundancia, donde **todo** lo bueno habita en tu interior. ¿Se te parece al cielo? Es el cielo.*

Rhonda Byrne

EL SECRETO

EL REGALO DE LA VIDA

La vida es en verdad un asombroso regalo digno de valorarse. Y si te despabilas y aprendes a generar pensamientos positivos acerca de ti, tu cuerpo y tu vida en el momento actual, vas a disfrutar una vida llena de buena salud, bienestar y abundancia. Y como dijo nuestro viejo amigo Buda, "La salud es el mejor de los regalos". Así que valora el regalo de la salud. Y el regalo de la vida.

HISTORIAS REALES
El secreto de Sam

Todo comenzó en mi clase de carpintería. Estábamos a principios del verano y la clase casi había terminado. Yo estaba todavía terminando una mesa en una lijadora de disco. La madera que estaba lijando se partió y se me fue de las manos, el dedo índice y parte del pulgar de la mano izquierda hicieron contacto con la lijadora y la máquina me lijó el dedo. Salvé el dedo, pero fue lijado hasta el hueso. Cuando llegué al hospital, me dijeron que no me lo podían coser con puntos y que simplemente tenía que dejar que sanara solo hasta su forma "normal".

Después de varias semanas, no tenía sensación en gran parte del dedo. Los médicos dijeron que era posible que perdiera permanentemente toda sensación. Pregunté si eso me impediría tocar la guitarra. El médico se rió y me dijo: "En primer lugar, debes sentirte dichoso de estar vivo. Perdiste medio litro de sangre. Ahora nunca podrás volver a tocar la guitarra, ni siquiera mover bien el dedo". Me sentí desconsolado porque siento MUCHA pasión por la guitarra y el canto. Pero no le creí. Así que desde ese momento empecé constantemente a imaginarme tocando la guitarra otra vez. Luego traté de tocar, una y otra vez, sin resultados.

Pero no me detuve ahí. Para poder mover el dedo, lo metía en agua caliente hasta soltar el vendaje. La postilla se pegaba al vendaje y tenía que arrancarme la postilla poco a poco. Hacía eso todos los días, tres veces al día.

Y cuando se me caía el vendaje, movía el dedo con los ojos cerrados imaginando que tenía sensación en todo el dedo y que podía moverlo otra vez sin que me doliera.

Seguí haciendo eso todos los días durante dos meses. Luego pude mover más el dedo y recuperé la sensación sin dolor. Entonces tomé la guitarra y me puse a practicar todos los días y a visualizarme tocándola sin problemas. Dos meses después estaba tocando la guitarra otra vez y el músculo que había sido lijado se fue reconstruyendo hasta su normalidad.

Ahora, un año después, puedo tocar bien a pesar de la cicatriz.

Tengo sensación completa en el dedo otra vez. El médico me dijo: "Es increíble que tengas sensación en ese dedo otra vez". Estoy tan agradecido de poder tener sensación y tocar la guitarra otra vez. La música es mi vida y, gracias a El Secreto, *sigue siendo parte de mi vida.*

Sam, 15 años
Wisconsin, EE.UU.

EL SECRETO ELEMENTAL

Independientemente del estado actual de tu salud, aunque no estés bien o estés simplemente fuera de forma, considera todas las cosas que puedes realizar físicamente y todas las cosas que disfrutas, y entonces piensa en todas las cosas que quisieras hacer mejor. Quizás tener mejor salud, o tal vez estar en mejor forma física o más fuerte, o a lo mejor tener simplemente más resistencia. Correr, jugar, competir, bailar, cantar, trasnochar.

Imagínate haciendo exactamente todo eso: corriendo, jugando, bailando o cantando toda la noche. Imagínate en plena acción. Lo que ves, los sonidos, los olores. Percibe la sensación de tus extremidades y las fibras musculares desplazándose hacia tu piel y las puntas de tus nervios. Siente el cosquilleo. Sé esa persona en tu mente. Abraza esa experiencia. Visualízate fuerte, poderoso, perfecto. Y en esa actitud mental, podrás recurrir a todas las herramientas...

GRATITUD

Para empezar, podrías querer dar gracias por la fortaleza y la buena forma física y la resistencia y el bienestar general físico para hacer lo que quieras hacer y ser lo que quieras ser. Da gracias por vivir el sueño.

VISUALIZACIÓN

Acude a tus habilidades en PhotoShop, o toma unas tijeras y goma de pegar y recorta y pega tu propia cara en el cuerpo de LeBron James o Hugh Jackman (o Rihanna o María Sharapova si eres mujer). O de cualquiera que consideres un ejemplar físico ideal.

PIDE, CREE, RECIBE

Pide bienestar, buena forma física, resistencia y fortaleza. Cree que este sueño es un derecho tuyo de nacimiento y que sólo tus viejos pensamientos y creencias limitantes pueden negarte una salud perfecta. Y para recibir el sueño, simplemente relájate y deja que fluya naturalmente el bienestar. No incurras en la práctica constante y obsesiva de pesarte, tomarte las medidas, medirte la presión arterial o el colesterol o el pulso o los tiempos de tus carreras, ni ninguna otra que cuantifique tu éxito o fracaso. Simplemente disponte a recibir buena salud y energía. Cree en tu bienestar y vive como si fuera algo resuelto definitivamente.

Una persona muy sabia una vez dijo: "¡Si no tienes salud, no tienes nada!". Pues ahora sabes que la salud es algo que está totalmente en tus manos, en tus pensamientos y en tu mente. Y eso quiere decir que tienes poder sobre todas las cosas – tu cuerpo, tu bienestar, tu vida – y todo porque tienes **EL SECRETO**... de la salud.

EL SECRETO Y EL MUNDO

EL ETERNO PLANETA TIERRA

Cuando la mayoría de las personas piensa en el mundo que les rodea, en lugar de excitarse y entusiasmarse por todas las cosas fabulosas, dirigen su energía hacia todo lo "malo": la pobreza, las guerras, el hambre, la contaminación. Ven esas cosas malas y se alimentan de ellas. Literalmente. Realizan estudios detalladísimos sobre un suceso trágico y permiten que los desgaste. Y en ese estado de depresión y ansiedad asumen el dolor como una especie de cruzada, como si fuera su responsabilidad personal evitar que sucedan esas cosas terribles. Y a lo mejor tú piensas: "¿Y no lo es?".

Bueno, el asunto es éste: no puedes seguir asumiendo responsabilidad por todas las tragedias del mundo. No puedes echarte esa carga encima. Es justo decir que todos contribuimos a hacer que el mundo sea como es. Pero en un final, lo cierto es que no podrás *ayudar* al mundo estresándote y poniendo toda tu atención en todo lo malo. Especialmente si te hace sentir mal. Porque haciendo eso, según la ley de atracción, estás en realidad empeorando el problema. Mientras más atención le pones, ¡más aumenta el problema!

Por ejemplo, tal vez te preocupa la situación del medio ambiente. Entonces piensas en todos los árboles que se talan. Te estresa el hecho de que los árboles están desapareciendo y el efecto que eso tiene en el ecosistema. Pero tu concentración y la atención que le pones a esos árboles que se están talando conduce a que se corten más árboles y se eliminen bosques enteros. ¡Es como si tus pensamientos se hubiesen transformado en un leñador de sesenta pies de estatura colocando una enorme sierra de cadena alrededor del Amazonas!

> *"Todo lo que tú resistes persiste".*
> Carl Jung, psiquiatra

De modo que no puedes permitir que las cosas malas del mundo te estresen porque, francamente, no ayuda. Tienes que evitar ponerle atención a lo malo, y debes definitivamente pensar dos veces antes de sumarte a cualquier protesta. Aunque sea contra el calentamiento global o la pobreza o el hambre o el terrorismo o la guerra o cualquiera de esas cosas. Porque estarás atrayendo más de lo mismo.

En serio. Piénsalo.

LA GUERRA Y LA PAZ

Tomemos como ejemplo un protesta contra la guerra. Bien, todo el mundo está de acuerdo en que la guerra es mala, absolutamente lo peor que hay. Nadie lo niega. Pero cuando tú protestas contra la guerra, lo más probable es que estés rechazando y resistiendo la guerra y odiando la guerra con la intensidad y las vibraciones que las protestas suelen generar. Todo lo cual hace que con frecuencia las protestas se tornen violentas. Aun la resistencia pasiva de Mahatma Gandhi y el Dr. Martin Luther King Jr. terminaron en actos de extrema violencia. Eso es porque la resistencia a la violencia crea una atracción extremadamente poderosa hacia una mayor violencia. Esa intensa concentración en la violencia no hace más que atraer más violencia, porque uno atrae todo lo que piensa.

Pero *existe* otra manera. *Puedes* crear una alternativa a la violencia sin atraer más violencia. Y todo lo que hace falta es el valor de salirte de la multitud. Aprecia esa fortaleza que no necesariamente depende del número de personas o de la fuerza física, sino del poder de aplicar la ley más poderosa del Universo. Y cuando creas esto, verás que tendrás una mayor influencia para cambiar el mundo que la que jamás imaginaste.

> *"El mundo que hemos creado es un producto de nuestro pensamiento; no puede cambiarse sin que cambiemos nuestra manera de pensar".*
> Albert Einstein, físico

Es fundamental en la ley de atracción concentrarte en lo que deseas, no en lo que no deseas. Para hacerlo, es posible que tengas que resistir el impulso de sumarte a manifestaciones de protesta de miles de otra gente furiosa y desencantada. Porque, como bien sabes, todos están atrayendo exactamente lo que *no* desean.

¿QUIÉNES NOS MUEVEN?

Lo que tienes que hacer es aplicar **EL SECRETO**, con lo cual puedes tomar control y atraer exactamente lo que *sí deseas*. Concentra tus pensamientos y poder y energía en aquello que realmente deseas. Ya sea paz o buena voluntad o libertad o prosperidad para todos. Sea lo que sea, podrás recibirlo sin la resistencia o agresividad o violencia que a menudo conllevan las protestas.

Volvamos a la película *Hairspray*. Hay un momento en que Tracy reacciona apasionadamente a la segregación racial en la televisión. Se suma a una demostración de protesta, termina asaltando a un policía, y se convierte en fugitiva de la justicia. De repente le ha hecho más daño que bien a la causa. Al final, se reivindica por televisión en vivo uniendo negros y blancos en el gran número bailable final, resolviendo así las tensiones raciales en la mejor tradición de un final estilo Hollywood. Vale la pena destacar cómo una celebración bailando tiene éxito mientras la protesta violenta fracasó.

> *"Debes convertirte en el cambio*
> *que quieres ver en el mundo".*
> Mahatma Gandhi, líder espiritual

Y en la vida, si quieres ver cambios en el mundo, tienes que imaginar que el mundo ya existe tal como tú quieres que sea. Imagina la Tierra increíblemente cubierta de impecables bosques, imponentes costas y océanos azules cristalinos y ondeantes. O imagina a la población mundial celebrando un año entero o tal vez una década de paz y armonía global y buena voluntad y cooperación y amistad en toda la humanidad. O que cada hombre, mujer, niño o niña tenga donde vivir en un hogar cómodo, protegido del frío, con suficiente alimento y todo el dinero que necesiten desde ahora y para siempre. Qué bueno sería, ¿verdad? Imagina tipos como tú, felices y contentos, viviendo en paz y prosperidad. Imagina la perfección en todo lo que ves, en todas las áreas de la vida, en todo el mundo.

EJERCE TU PODER

A través del poder de tus vibraciones y tus mejores intenciones, atraerás más pensamientos y más personas que piensan como tú. Muy pronto tus pensamientos y sentimientos habrán ayudado a dar forma a la manera de pensar de todos, y la ley de atracción atraerá finalmente ese mundo perfecto de paz y felicidad y abundancia y naturaleza hacia una realidad.

Y en cuanto a las cosas malas que oyes que están sucediendo en el mundo, como guerras y terremotos o hambrunas o cosas peores, en lugar de nublarte y hacerte caer en una depresión, empeorando la situación, lo que puedes hacer es tomar tiempo para enviar amor y buenos pensamientos, paz y abundancia a todos los afectados.

No sólo creas tu propia vida con tus pensa-
mientos, sino que estos hacen una contribución
poderosa a la creación del mundo. Si pensabas
que eras insignificante y no tenías poder alguno
en el mundo, piensa otra vez. Tu mente está en
efecto dándole forma al mundo que te rodea.

Rhonda Byrne

EL SECRETO

Eso puede provocarte miedo y hacerte sentir una enorme responsabilidad. Pero recuerda que las cosas malas pueden llegar a suceder. Cosas que resistimos, cosas que no queremos que sucedan. Y empeoramos esas cosas cuando concentramos toda nuestra energía en ellas. Pero tenemos el poder de cambiar estas cosas malas y darles un giro total, simplemente concentrándonos en lo contrario, concentrándonos en lo bueno, en las cosas que realmente queremos que ocurran. Cuando hacemos eso, cambiamos el mundo. ¿Verdad que tiene onda eso?

HISTORIAS REALES

El secreto de Penélope

He estado conscientemente viviendo la ley de atracción
desde que por primera vez supe de ella a los diecinueve
años. El hecho de vivir esta ley Universal me ha llevado

a muchos sitios y me ha proporcionado muchas experiencias. He sido testigo de una devastadora destrucción forestal de viejos bosques naturales en Tasmania y Victoria. Me desilusionaron las campañas "antimadereras", que no hacían más que provocar más de lo mismo porque nos concentrábamos en lo que no deseábamos y eso era lo que recibíamos.

Participé recientemente en una campaña a favor del medio ambiente. Sin embargo, aplicamos esta vez la ley de atracción. Creé un proyecto que logró transformar la actitud de una comunidad entera.

El Grupo de Coordinación para Salvar el Río Mary había estado haciendo campaña para que el gobierno no construyera una represa en el Río Mary, en la llamada Costa Interior del Sol en Queensland, y habían distribuido una pegatinas con el texto "NO REPRESA" y carteles en toda la localidad.

Conociendo cómo funciona la ley de atracción, y sabiendo que la gente del Valle Mary estaría atrayendo más represas con ese mensaje, sabía que lo que necesitábamos era un mensaje positivo. Juntos, desarrollamos un nuevo mensaje lleno de inspiración: "RÍO MARY PARA SIEMPRE". ¡Una atrevida declaración que reclamaba exactamente lo que deseábamos!

En la audiencia celebrada ante el Senado en Brisbane, no había una sola pegatina que dijera "NO REPRESA". Todo era "RÍO MARY PARA SIEMPRE," ¡lo cual recibió una gran cobertura noticiosa en los principales noticieros de televisión y en los periódicos! La gente en toda la Costa del Sol ha abrazado ahora el concepto, y además de "RÍO MARY PARA SIEMPRE", se ha creado una nueva pegatina que dice "AMO EL MARY" ¡que se está distribuyendo entre automovilistas en todas partes!

Este proyecto ha provocado un surgimiento de positivismo en la comunidad, un renovado sentimiento de esperanza. Mucha gente ha comentado lo maravilloso que es el nuevo mensaje y lo feliz que todo el mundo se siente apoyando ahora la campaña. Esto está creando una enorme diferencia en la actitud de la gente ahora. En lugar de desanimarse ante la situación, la gente se siente más positiva e inspirada.

Mi intención es que este concepto se aplique a los proyectos del medio ambiente y comunitarios globalmente. Frente al calentamiento global, la contaminación y la tala de preciosos bosques, lo que hace falta es un cambio global en la conciencia, de modo que la gente entienda que podemos disfrutar una magnífica calidad de vida ADEMÁS de disfrutar la naturaleza. Un cambio de conciencia global haría que la gente en todo el mundo se concentrara en el tipo de mundo que realmente quieren crear para su familia y sus comunidades, así como para las generaciones futuras.

Penélope
Queensland, Australia

SI NO HAY NOTICIAS ES QUE TODO ESTÁ BIEN

Si lees los periódicos o miras las noticias en la televisión, pudieras llegar a pensar que el mundo es un lugar bastante hostil y horrible. Considera esto: cada noche millones se sientan ante la televisión para ver a unos bellos presentadores de noticias hablándonos del último desastre natural o conflicto mundial o racha de crímenes violentos. Mete miedo eso. Mucho más aterrador que cualquier cosa que el escritor de historias horrendas Stephen King hubiera podido imaginar.

Lo cierto es que todas esas malas noticias no son una representación acertada de lo que realmente ocurre. Piensa en esto: suceden seis cosas malas en el mundo en un día, mientras un millón de cosas buenas ocurren en ese mismo período de tiempo. ¿Qué se convierte en noticia? Las seis cosas malas, por supuesto. Y tratan de decirte que son noticia. Y luego la gente siente miedo, y de ese modo atraen más historias horrendas hacia sus propias vidas, que a su vez se convierten en noticia... y el ciclo continúa.

¿Por qué hacen esto los medios noticiosos? ¿Por qué presentan el ángulo hostil Universal? Porque el miedo vende. Pregúntale a Stephen King. Es una manera de entretener. Forma parte del negocio del espectáculo. Y los departamentos de noticia en la televisión están simplemente reaccionando a lo que piensan que su audiencia desea. ¿Y quién va a culparlos? Los índices de audiencia de la cadena CNN llegan al techo cada vez que sucede algo malo. Y por supuesto todas las divisiones de noticias en el mundo responden enfocándose en más noticias malas. Y seguimos mirándolas. No es culpa de las divisiones de noticias; es la ley de atracción. Eso es lo que atraemos.

ASÓMATE, MIRA Y DESCONECTA

De modo que, si no te interesan las malas noticias, ¿qué puedes hacer al respecto? Desconéctate. Tan simple como eso. No necesitas mirar nada de eso, y no hay ley que te obligue a hacerlo. Si no te hace sentir bien, apágalo. No te vas a convertir en un indolente simplemente porque rehúses incorporarte a esa onda.

Ve y encuentra algo mejor que hacer con tu tiempo. Y lo que va a ocurrir es que los noticieros de televisión responderán trasmitiendo algo fresco para traerte de nuevo a formar parte de su público, incluyendo buenas noticias. Y eso crea buenas vibraciones, que a su vez generan más historias buenas, y el mundo estará más en onda por ello.

Recuerda que lo que escojas como foco de tu concentración creará siempre la realidad. Y si lo que escoges como foco de atención es un Universo más pacífico, feliz y amistoso, tanto mejor.

Siempre recuerda tomar tus decisiones de acuerdo con lo que te parezca correcto. O sea, que si alguien trata de crearte un sentimiento de culpa acerca de la guerra, la pobreza o cualquier otro asunto vital, y no te sientes cómodo con ese sentimiento de culpa, no permitas que te ponga mal.

NO TE ENTUSIASMES DEMASIADO

Esto es especialmente cierto con las campañas de las celebridades. ¿Has notado alguna vez cómo los ricos y famosos tienen sus causas favoritas y salen en televisión para que nos enteremos? Bien, tal vez esos temas *son* importantes. Pero detente un momento a pensar. Al añadir su energía y emoción al problema, es probable que estas celebridades se hayan convertido en parte del problema. Ello no quiere decir que tú también debas ser parte del problema.

La cuestión es que una boca puede decir cualquier cosa. Especialmente la de alguien famoso. Así que no te montes en ese tren simplemente porque una celebridad te diga que lo hagas. Tú tienes que tomar tus propias decisiones y averiguar más sobre el tema. Después que hayas tenido la oportunidad de procesarlo y comprobar que es algo que te motiva conscientemente, entonces es justo que te involucres. Pero no protestes, no le añadas energía al problema. Sal y conviértete en una parte de la solución.

Para ser justos, algunas celebridades han tomado sus decisiones conscientemente y merecen respeto por sus actos desinteresados y su filantropía. En otras palabras, son leyendas por lo que hacen, no por lo que dicen. Especialmente cuando se concentran en celebrar lo bueno de la vida. Por ejemplo, es posible que quieras sentir respeto hacia:

- Justin Timberlake, cuya fundación aboga por la educación musical a una temprana edad

- Mariah Carey, cuyo programa de campamentos en días feriados procura inspirar y expandir las opciones profesionales entre adolescentes urbanos

- Tiger Woods, cuyo centro de enseñanza procura ayudar a niños a lo largo de su educación y crecimiento personal

- Oprah Winfrey, quien construyó una escuela completa para niñas pobres sudafricanas para convertirlas en las próximas líderes de su país

Estos son héroes verdaderos, los que utilizan sus recursos para atraer más abundancia, más bienestar, y más felicidad en el mundo.

¡APÚRATE! ANTES DE QUE SE AGOTEN

Y es crucial que celebremos la abundancia, porque tanta gente se disgusta por las llamadas limitaciones de los recursos mundiales y el rumor de que no haya suficiente para todos. Durante años se nos ha dicho que se está terminando el petróleo o que no hay suficiente comida o agua o que escasea cualquier otra cosa que necesitamos y queremos. Todo el mundo se cree esa historia y ésa ha sido la causa de la mitad de las guerras en el mundo. La gente se llena de avaricia y temor, comienza a acumular para sus propias necesidades, se niega a compartir, y en algunos casos, hasta le roba a sus propios vecinos.

Y este temor es también la razón por la que la gente se estresa tanto cuando piensa que si todos en el planeta utilizáramos **EL SECRETO**, incurriríamos en un peligro catastrófico. Calculan que si cada cual puede ser, hacer o tener lo que desee, el planeta puede terminar en una crisis económica.

Bueno, hay un par de cosas que hay que tomar en cuenta en torno al tema.

NO TODO EL MUNDO HACE OSTENTACIÓN DE SU RIQUEZA

En primer lugar, cada persona es única. Cada persona tiene diferentes sueños, diferentes intereses, diferentes pasiones. A algunos les puede gustar hacer una mayor ostentación de sus riquezas y de sus gastos, como tener un automóvil lujoso con todos los extras, llenarse de oro de 24 quilates, o vestir ropa de la alta costura de la moda.

Pero hay otros que tienen intereses más modestos y realistas. Como viajar por el mundo con una mochila al hombro o celebrar la naturaleza. O disfrutar de buena comida, música y pasarla bien en la playa.

De modo que no hay necesidad de estresarse, porque mientras la gente en todo el mundo mantenga su carácter único y diverso, con diferentes sueños y diferentes deseos y diferentes aspiraciones, nunca habrá escasez ni limitaciones. Y mientras tú sepas que podemos tener o hacer o ser cualquier cosa, y que podemos crear cualquier cosa que deseemos a través de la atracción, estarás ayudando a poner fin a toda la envidia y la avaricia y la acumulación y la codicia y el miedo a la escasez. Porque si tienes todo lo que vas a necesitar, y si realmente no te hace falta nada, entonces nunca tendrás que pensar demasiado en lo que tiene tu vecino.

"Aquellos que están lo suficientemente locos para creerse
que pueden cambiar el mundo son los que lo logran".

Steve Jobs, cofundador de Apple, Inc.

Y la otra gran cosa sobre suministros y limitaciones es que los seres humanos son súper inteligentes. De veras. Cada vez que el mundo enfrenta un desafío, un tipo con un cerebro privilegiado apela a la ciencia y tecnología e ingenio vanguardistas para resolverlo. Alguien desarrolla nuevas técnicas agrícolas. O alguien inventa nuevas fuentes de energía limpias y renovables. Porque cuando la necesidad y el deseo son grandes, atraemos la solución y el modo.

Y eso se debe en gran parte a **EL SECRETO.** Cuando sabemos lo que queremos, sólo tenemos que PEDIR y CREER. Y gracias a la ley de atracción, el Universo se manifiesta a través de algún tipo extravagante en algún lugar y, maravilla de maravillas, todos RECIBIMOS.

El potencial existe para cualquier suministro ilimitado de todo lo que puedas jamás desear. Recuerda que todo en el Universo es energía, y la energía no puede crearse ni destruirse – simplemente se transforma en otras formas de energía. De ahí que la energía nunca se agota. Simplemente espera transformarse en lo que tú deseas.

Y aunque cada persona en el mundo entero esté sincronizada con sus deseos, si cada uno desea exactamente lo mismo, el Universo encontrará una manera de transformar energía y proveer recursos para que *cada cual* RECIBA su deseo.

Estás en este glorioso planeta, dotado de este poder maravilloso ¡para crear tu vida! No hay límites en lo que puedes crear para Ti, ¡porque tu capacidad de pensar es ilimitada!... El Universo le ofrece a **todas** *las personas* **todas** *las cosas a través de la ley de atracción. Tienes la capacidad de escoger la experiencia que desees. ¿Quieres que haya suficiente para ti y para todos? Entonces escoge eso y ten presente que "Hay abundancia de todo". "El suministro es ilimitado". "Hay mucha magnificencia". Cada uno de nosotros tiene la capacidad de aprovechar ese suministro invisible e ilimitado a través de nuestros pensamientos y sentimientos, e incorporarlo a nuestra experiencia. Así que escoge para Ti, porque eres el único que puede hacerlo.*

Rhonda Byrne

EL SECRETO

HISTORIAS REALES

El secreto de Yoshimitsu

La hermosa creación de posibilidades inagotables surgidas de una mente, elaborada a través de las cuatrimillones de posibilidades moleculares y cambios Universales. Nunca había estado tan consciente de eso hasta ahora. La repetición que el Universo hace de la ley más importante – la que nos mantiene juntos – es lo más notable en su clase. Así como los imanes se atraen, como la gravedad sostiene a los planetas, y como un beso te acerca más a tu amor, nuestro Universo nos bendice con sus cálidos brazos.

A veces veo las muchas cosas que me rodean y lloro de felicidad. Y a veces le dejo ofrendas a la Tierra, y doy gracias a la Gran Madre por el regalo tan magnífico que nos permite poseer. Habitando en su vientre, siempre me he preguntado, cuando se nos haga pequeño este mundo, ¿cuál maravilla será lo próximo que nos toque recibir?

Yoshimitsu, 13 años
Virginia, EE.UU.

El Universo es fabuloso, no hay duda de ello. Y tus pensamientos y vibraciones son una gran parte de su creación.

Imagina lo siguiente: el Universo es como una amplia pared de concreto, y los mejores artistas de graffiti se han dado cita para colaborar en un mural masivo de la Tierra. Cada artista entinta sus plantillas y troqueles en su propio estilo, pero añadiendo cada uno su visión de la Tierra, aportando a su creación. Y a ti simplemente te han lanzado una lata con un atomizador. ¿Qué vas a pintar? ¿Algún garabato o mancha mediocre? ¿Algún acto de vandalismo que le quite valor a la visión de otros artistas? ¿O vas a elevarte a la altura de la circunstancia y crear tu propia obra maestra, tu visión inspirada del Planeta Tierra?

Todo depende de ti.

Bueno, la realidad es ésta. Olvida la lata con el atomizador. Olvida el mural de graffiti. Tus pensamientos y sentimientos contribuyen a la magnificencia y la belleza, o a la destrucción y vandalismo del planeta, del mismo modo que lo que añadirías a un mural de concreto. Si eres audaz e imaginativo con tus pensamientos y sentimientos, aportarás belleza y magnificencia. Pero si eres descuidado y cínico en lo que piensas y cómo te sientes, podrías bloquear completamente el mural de la Tierra, afectando la creatividad de todos aquellos que vinieron antes que tú.

Es posible que hayas pensado que eres pequeño y careces de poder en este vasto y gran planeta. Pero no. No careces de poder. Es más, ¡tienes todo el poder! Como cualquier artista, creas perfección en tu vida en el planeta Tierra con tus pensamientos y sentimientos. Sólo tienes que sentirte bien y crearás lo bueno. Siente amor, gratitud, y ten fe en que todo en el planeta Tierra puede ser, y es en realidad, tan perfecto como lo has imaginado.

"Piensa en toda la belleza que todavía
queda alrededor tuyo y sé feliz".
Anne Frank, autora

EL SECRETO ELEMENTAL

Considera la extraordinaria belleza alrededor tuyo. Ahora considera los sitios alrededor del mundo que son tus favoritos. Todos los lugares con onda, los mejores sitios. O tal vez alguien con quien te guste pasarla bien.

La gente tratará de decirte que tu sitio favorito no va a durar, que alguien en algún momento lo arruinará para siempre. Después de todo, ése es el progreso. Pero es hora de que sepas que esas reglas no tienen que ver contigo. Porque tú tienes el poder para atraer cualquier cosa que desees.

De modo que si visitar ese sitio favorito (o incluso vivir allí) es parte de tu sueño, lo que debes hacer es fotografiar o transferir una imagen y pegarla en la pared o en el espejo. Si sabes dibujar o tienes habilidades para crear gráficas, haz algo mejor todavía: usa el programa Photo-Shop y colócate en la foto.

Una vez que termines de hacerlo, imprime una copia y pégala donde siempre la veas. Tal vez úsala en tu computadora como un salvapantallas. Transfiérela a tu página de Facebook, si tienes una.

Y mírala con la mayor frecuencia posible. Respira profundo y siente gratitud y reconocimiento en tu corazón por este sitio increíble. Siente la experiencia de estar allí: los olores, la visión, los sonidos, las sensaciones. Ten la seguridad de que, mientras lo desees, ese sitio estará allí para siempre.

Y cree y ten la seguridad de que tu sitio favorito – así como, de hecho, el mundo entero y su belleza tal como lo ves – estará siempre allí el resto de tu vida. Porque tienes el poder. Y ése es *EL SECRETO*... acerca del mundo.

EL SECRETO Y TÚ

LLEGA A CONVERTIRTE EN UN HÉROE

Te guste o no la ciencia, te interesará saber que **EL SECRETO** guarda total armonía con los últimos descubrimientos de la física cuántica. Así que si eso es lo tuyo, o si al menos tienes una mente abierta para ese concepto, entonces puedes utilizar estos descubrimientos científicos para tu propio beneficio. Considera lo siguiente...

Todo el Universo está hecho de energía. Animal, mineral, vegetal... hasta un vaso de agua. Todo está hecho de lo mismo: energía. Lo que los diferencia es que vibran a velocidades diferentes. Aunque dos cosas sean casi idénticas, las sutiles diferencias se miden en vibraciones.

Piensa en el vaso de agua. A una vibración baja el agua se convierte en hielo. Y a una vibración alta el agua se convierte en vapor. Y así el agua puede fácilmente convertirse en hielo o vapor simplemente variando su vibración. No se desplaza a ningún sitio necesariamente. Simplemente cambia de vibración. Aun en estado de vapor, tal vez no puedas verla debido a que las vibraciones son muy altas. Pero existe. El "agua" sigue ahí. De modo que si alguien trata de decirte alguna vez que hay escasez de agua, que se nos terminó el agua, tú sabes que no es así.

Eso es porque el agua es, en esencia, energía. No desaparece o se convierte en nada ni se gasta en la ducha.

Simplemente se hace más lenta o se acelera para convertirse en algo diferente. Y es que el agua – o la energía – a un nivel subatómico, microscópico, infinitesimal, nunca puede crearse o destruirse. Siempre ha existido y siempre existirá.

Ahora espera, porque lo que sigue es increíble.

Lo mismo ocurre contigo. Igual que el agua, tú siempre has existido y siempre existirás. Tu verdadera esencia, tu espíritu, la energía pura que hay en ti, esas partículas subatómicas de energía de las que estás hecho han existido durante miles de millones de años y existirán siempre. ¿No te parece maravilloso esto? En realidad, ¡tienes miles de millones de años de edad! ¡Y tú que te creías que tu abuelo estaba decrépito!

PARA TODA LA ETERNIDAD

En serio, los científicos y los físicos cuánticos pueden confirmar esta idea de que la energía no puede crearse ni destruirse, sino que simplemente se transforma. Y por estar hecho de energía, tampoco tú podrás ser destruido jamás. Eres eterno, infinito y para ti hay vida más allá de lo físico. Eso no quiere decir que tienes que convertirte en uno de esos actores que empiezan a secretearse con los muertos. Simplemente significa que la energía de la que estás hecho durará eternamente. Y no sólo eso, sino que esa energía tuya es parte de un gigantesco campo energético que lo hace todo.

Eso significa que tú y tu mejor amigo, e incluso tu peor enemigo, forman parte del mismo campo energético. Están todos conectados. Y lo más raro de todo eso es que no es sólo que tu existencia física, tu cuerpo, sea parte de ese mar de energía. Sino que también lo son tus pensamientos, tus sentimientos, tu imaginación y todas tus vibraciones. Todo eso es energía también, y te conecta a este campo energético y se mezcla con todos los demás seres a través del planeta. Es como si hubiera Una Mente Universal y todos fuéramos parte de ella. Todos somos Uno.

Algunos llaman a esto el "inconsciente colectivo", un término que por primera vez dio a conocer un eminente psiquiatra y padre de la psicología analítica, Carl Jung. O algunos lo llaman "Un Amor", como dice la canción de Bob Marley.

O puedes pensar en esto como Matrix, excepto que no tienes que estresarte esperando que Keanu Reeves te salve de vivir una vida como si fueras una batería Duracell humana. En realidad, es como un Matrix amistoso, que conecta a cada ser humano, cada animal, cada planta y cada mineral en la Tierra. Y te conectas a todo simplemente concentrándote en ese ser humano, ese animal, esa planta o mineral con tu mente. Todos somos Uno. Suena bien, ¿verdad?

Pero ¿qué significa esto? Pues, para empezar, significa que nunca estás solo. Siempre estás conectado, porque somos Uno.

Pero la otra cara de esta moneda es que también significa que cualquier daño que inflijas a otra gente, te regresará para dañarte a *ti* también. Como estás conectado con todos mediante esta Única Mente Universal (conocida también como un Matrix), las malas vibraciones hacia otra persona significan malas vibraciones para ti también.

TU PEOR ENEMIGO

Lo mismo ocurre con la competencia. Cuando compites contra otros, a menudo te estás haciendo daño a ti mismo. Y así no podrás ganar nunca. Aunque parezca que lo hayas logrado en ese momento.

Claro, los deportes pueden ser divertidos. Incluso pueden ser una buena fuente de ingreso si tienes suficiente talento. Pero es importante que no permitas que competir domine toda tu vida. La gente que asume una mentalidad competitiva a menudo se ve compitiendo en los negocios, en las relaciones, en el amor, y en la vida misma. Y gracias a la ley de atracción, mientras compites para lograr ser "el mejor", atraerás una competencia feroz, y eventualmente terminarás perdiendo. Esto es tan inevitable en la vida común como lo es en un coliseo deportivo, sea jugando baloncesto uno contra uno en la escuela o incluso en baloncesto profesional. Si lo procuras con intensidad y durante largo tiempo, hay una cosa cierta: vas a encontrar a alguien que te gane. Hasta Michael Jordan tuvo sus derrotas ocasionales.

"Juega nada más. Diviértete. Disfruta el juego".
Michael Jordan, campeón de baloncesto

Es que la vida no es una carrera hasta la meta final. No es que estemos en esta carrera desesperada para lanzarnos de cabeza en la tumba. La vida es una jornada que se disfruta mientras estamos en ella. Relájate y disfruta el viaje. Quítate la competencia de la mente y opta por vivir creativamente. Concéntrate en *tus* sueños y *tus* visiones, sin mirar a los lados a lo que los demás están haciendo. Sé lo mejor que puedas ser en cualquier cosa que hagas.

Eso es lo que realmente significa ganar. No aplastar a un opositor que no sea bueno, sino siendo *tú* todo lo que puedas ser. No hay triunfo en encontrar a alguien inferior para compararte con él o ella. Del mismo modo, no tiene sentido enfadarse porque alguien sea mejor que tú en algo. Enorgullécete de tus propios esfuerzos, y disfruta descubriendo la magnitud de tus habilidades.

HÉROES

Steven Bradbury

Al aproximarse las Olimpiadas de Invierno del 2002, el patinador de velocidad Steven Bradbury estaba ya bordeando el final de su carrera. Después de doce años en el circuito, Bradbury había patinado y competido con los mejores y tenía las cicatrices para demostrarlo: dos vértebras fracturadas, tracción en la espina dorsal,

111 puntos en una herida causada cuando el filo de un patín le perforó el muslo y perdió el 80 por ciento de la sangre en el hielo. Convertido ahora en el veterano de mayor experiencia en su deporte, lo único que Bradbury esperaba era realizar su mejor esfuerzo, aunque ello significara llegar en último lugar. Sin embargo, tuvo la gran suerte de clasificar para la pista corta en la final de 1.000 metros, gracias en gran parte a descalificaciones y lesiones durante las competencias preliminares y semifinales.

De modo que se colocó junto a cuatro patinadores mucho más fuertes, más rápidos y más jóvenes que él, cada uno totalmente entrenado y preparado para ganar a cualquier costo. Bradbury decidió no alimentar esa situación, sino relajarse con la esperanza de que la agresividad de sus contrarios provocara alguna colisión. Y, quién sabe, a lo mejor lograba una medalla de bronce...

A lo largo de la carrera, trató de mantenerse al nivel del grupo, pero los demás eran muy rápidos. Sin embargo, nadie pudo haber previsto la carnicería que se formó en la última curva. Los cuatro competidores cargados de adrenalina chocaron unos con los otros y se desplomaron en el hielo heridos y ensangrentados, mientras Bradbury, que marcaba el último lugar y era el único que quedaba en pie, patinó el último tramo para reclamar la más improbable medalla de oro.

Algunos dicen que Steven Bradbury es el medallista de oro más dichoso en la historia de las Olimpiadas. Lo cierto es que había pasado doce años compitiendo como *un maníaco sin alcanzar su verdadero potencial mientras mantuvo esa mentalidad competitiva. Por primera vez, había patinado sólo para ser lo mejor que podía ser. Y eso fue lo que lo convirtió en un verdadero campeón. Y es que no todo se reduce a ganar el oro.*

"Nunca estás realmente compitiendo con un contrario. Estás compitiendo contigo mismo, luchando contra tus propios principios, y cuando alcanzas tus limitaciones, ahí encuentras el verdadero gozo".
Arthur Ashe, campeón de tenis

Cada vez que te encuentres compitiendo por algo, recuerda que todos estamos conectados. Que tenemos un vínculo con la Única Mente Universal. Que somos todos partes de Matrix. Que todos somos Uno. Así que si compites, estás realmente compitiendo contra ti mismo.

Y recuerda también que Matrix conecta cada ser humano, animal, planta y mineral en la Tierra al nivel de energía. Lo cual incluye pensamientos, sentimientos, imaginación, todo. Yendo atrás al inicio del tiempo, todo está almacenado en esta gigantesca base de datos que pertenece a Matrix y nos sumamos a ese Matrix con cada pensamiento. Einstein nos dice que el tiempo es una ilusión, que el pasado, presente y futuro son todos parte de esa base de datos Universal.

De modo que eso quiere decir que no tiene sentido alguno apurarnos en ser el primero, porque cada pensamiento, cada sueño y cada *posibilidad* ya está a nuestro alcance. Ya existe porque todo está almacenado en la Única Mente Universal, conocida también por Matrix. Y sólo está esperando por *ti* para que la utilices.

Esto es realmente bueno porque cada creación en la historia – cada magnífica idea, cada brillante invención que utilizas todos los días – como el iPhone o el Wii, o hasta cosas clásicas como las gafas de aviador marca Ray-Ban y los Reeboks con correas – todo fue extraído de la Única Mente Universal, aunque sus creadores se hubieran percatado o no de lo que estaban logrando.

Y tú puedes sumarte a esto también. Igual que hicieron Keanu y compañía en el Matrix para sacar el conocimiento y pilotar un helicóptero exactamente cuando lo necesitaran, y para que tú pudieras también recibir la inspiración, la motivación y el conocimiento para ser, hacer o tener lo que decidas. Simplemente usa tu imaginación y PIDE, CREE, RECIBE.

> *"Aunque pienses que puedes o pienses que no puedes,*
> *de una manera u otra, tienes razón".*
> Henry Ford, fundador de la Ford Motor Company

¿Piensas que puedes hacer esto? ¿Piensas que puedes aprovechar al Matrix y hacer lo que decidas hacer? ¡SÍ PUEDES! La única razón para no poder es que tú mismo digas que no puedes y te convenzas de que no puedes. La verdad es que tú *puedes* lograr cualquier cosa que desees con este conocimiento.

En el pasado, probablemente subestimaste cuán brillante eres. Pues, ahora tienes la sabiduría de saber que eres parte de esta Única Mente Universal, ese inconsciente colectivo, ese Matrix, y que puedes extraer lo que quieras de ella. ¡Simplemente fenomenal!

QUÉ BUENO SERÍA SI ALGUIEN INVENTARA...

El Matrix probablemente te está dando algunas pistas en este momento para realizar tu brillante potencial. Por ejemplo, ¿se te ha ocurrido alguna vez pensar lo maravilloso que sería que alguien inventara _____ [*rellenar el espacio en blanco*]? Pues, ¿quién dice que no puedas ser tú esa persona que invente _____ [*rellenar el espacio en blanco*]?

Y la mejor parte es que, después de que te hagas esa pregunta acerca de "lo maravilloso que sería...", comenzarás a atraer todo tipo de pensamientos y teorías e ideas creativas y soluciones técnicas que ahora comparten personas que en algún momento de la historia de la humanidad han albergado esa misma idea. Tus pensamientos atraen esas ideas. Interesante, ¿verdad? Es como si no necesitaras ser un genio o algo por el estilo para que de repente te vengan estos pensamientos geniales a la cabeza. Simplemente abre bien los ojos y los oídos, y observa lo que está faltando o se necesita en ese estado mental de "lo maravilloso que sería...". Después de ese primer pensamiento, *¡BAM!*... estás en la mitad del camino.

¿QUIÉN QUIERE SER MULTIMILLONARIO?

Piensa en los que inventaron YouTube. YouTube comenzó con tres jóvenes que lo que querían era compartir los vídeos que habían filmado en una fiesta y que eran demasiado voluminosos para enviar por correo electrónico. "¿Por qué alguien no inventa una página web para montar y compartir los vídeos?", se preguntaron. Y entonces juntaron sus recursos e hicieron exactamente eso. En dieciocho meses habían creado una compañía con un valor de 1.650 millones.

Del mismo modo, el estudiante de Harvard de dieciocho años de edad que creó Facebook se preguntó por qué nadie había creado una versión en el Internet de los álbumes de fotos que reparten en la universidad. Entonces, con un poco de ayuda de sus amigos, tomó acción y fundó esta red de conexiones para las universidades en una página web que de repente se convirtió en un fenómeno mundial. Igual que los tipos de YouTube, este chico es ahora un multimillonario.

Resulta interesante que, en ambos casos, no fueron ellos los primeros en pensar en lo que crearon – compartir vídeos y socializar en redes de conexión en una página web. Ellos simplemente averiguaron lo que estaba faltando, lo que el mundo necesitaba, y entonces buscaron ideas en Matrix. Le dieron seguimiento a las mejores teorías y métodos y procesos, hasta encontrar las mejores soluciones posibles. O sea que no se trataba de competir con otros o ser los primeros. Fue cuestión de atraer inspiración de la Única Mente Universal. Y las soluciones simplemente aparecieron.

SOMBRAS DE DUDA

Así y todo, muchas personas tienen dudas acerca de su potencial creativo y su capacidad para aprovechar el Matrix. Ellos mismos se desalientan y se convencen a sí mismos de que todo eso es para otros, no para ellos. Dicen cosas como:

- "Tal vez tú puedas hacerlo, pero yo no".

- "No soy lo suficientemente inteligente".

- "No me interesa ese tipo de cosas".

- "Tú no entiendes por lo que estoy pasando".

- "Yo tengo problemas – tú no".

Bueno, pues aquí está la cuestión: todos tienen problemas. Todos están pasando por algo. Si tú piensas que tu vida es difícil, piensa en los siguientes casos:

- Halle Berry era una mujer indigente y desamparada que dormía en un albergue en la ciudad de Nueva York cuando estaba tratando de llegar a ser alguien como actriz.

- Rob Thomas de Matchbox Twenty estuvo en la indigencia durante tres años, viviendo en la playa y durmiendo en los bancos de los parques.

* Joss Stone tiene dislexia y abandonó los estudios a los dieciséis años.

* Christina Aguilera y su madre fueron abusadas físicamente por el padre de ella.

* Oprah Winfrey fue abusada sexualmente y maltratada por familiares a los nueve años, se fugó de su casa y salió encinta antes de cumplir catorce años.

No importa cuán mala puede parecer la situación, debe de haber alguien que está peor que tú. Y es más que probable que esa persona haya tenido un éxito monumental en su vida a pesar de haber enfrentado una adversidad peor que la que tú estás pasando.

> *"No importa cuán difícil haya sido el pasado,*
> *uno siempre puede comenzar de nuevo hoy".*
> Buda, maestro espiritual

Entiende que no estás condenado a quedarte estancado en el pasado. Como lo han demostrado estos nombres famosos, tú no eres sólo tu pasado. Claro, es parte de tu vida y tal vez incluso ayude a definirte e inspirarte. Pero depende totalmente de ti que tu pasado sea o un ancla o una base de lanzamiento. La opción es tuya. Puedes optar por hacer el papel de víctima y seguir siendo una víctima, o puedes cambiar el guión, colocarte la S de Superman en el pecho y convertirte en un héroe.

En la película *Súper escuela de héroes (Sky High)* todos los superhéroes del mañana son clasificados en su primer día como héroes o ayudantes de héroes, dependiendo de la evaluación que la facultad hiciera sobre su potencial. Y la vida es así. Alguien siempre está tratando de clasificarte y encasillarte y decirte lo que puedes hacer o no. En *Súper escuela de héroes* está en juego el destino del mundo, y todo se reduce a los ayudantes de héroes comportándose por encima de su potencial y convirtiéndose en héroes por derecho propio. De igual modo, no permitas que nadie te limite o te asigne el papel de ayudante de héroe o víctima o damisela en apuros.

CUANDO TE HACES LA VÍCTIMA, TE QUEDAS VÍCTIMA

¿No preferirías ser el héroe? Claro que sí. Entonces escoge. No te hagas la víctima y no te quedes de víctima. No seas un rehén de tus circunstancias o experiencias de tu pasado.

Y el primer paso es dejar ir el pasado. No guardes rencores. ¿Por qué cederle parte de tu valiosa energía y espacio cerebral a alguien de tu pasado que ni siquiera te importa ya? Recuerda que tus pensamientos son poderosos. No los desperdicies en gente que ya no tiene que ver contigo. Olvida y perdona. Sigue tu camino sintiéndote bien y concentrándote en las cosas que realmente te interesan.

HISTORIAS REALES

El secreto de KC

Era una tarde soleada y tranquila en el pueblo aletar-
gado y remoto. Todos estaban en sus casas después de
una mañana de trabajo en la finca. De repente, una
mujer salió a la calle descalza dando gritos: "¡Fuego!
¡Fuego! ¡Hay un incendio en mi casa! ¡Fuego! ¡Fuego!".
¡Era mi madre!

Pronto toda la población acudió. Algunos corrieron a
ayudar a apagar el fuego pasándose cubos de agua y
utilizado una manguera de agua del jardín. Nosotros los
niños ya habíamos escapado y observábamos esta horri-
ble escena desde el otro extremo de la calle. Estábamos
petrificados, asustados y aturdidos. El corazón me palpi-
taba con tanta intensidad que creí que se me iba a salir
del pecho. Yo sabía quién era el responsable…

Finalmente, el fuego se apagó cuando llegaron los bom-
beros. Todos se alegraron de que el incendio no se había
extendido a otras casas, pero la casa de madera de mi
familia quedó destruida y no quedó nada.

Para mucha gente el desastre había llegado a su fin.
Pero en el fondo de mi corazón yo sabía que éste era sólo
el comienzo de un capítulo para un niño campesino de
ocho años de edad. Había sido yo quien había iniciado
accidentalmente el fuego, jugando con velas en uno de
los dormitorios. Se lo dije a mi madre cuando la cortina
prendió fuego, pero ya era demasiado tarde. Las llamas
se expandieron rápidamente en toda la habitación.

"Fuego! ¡Fuego!" Conservo ese grito en la cabeza. El fuego produjo una "superestrella" negativa. Los niños en la escuela me criticaron y mis familiares cercanos también. Me veían como un niño maligno. Algunos me prohibieron visitarlos. Por supuesto, la más severa alegación de culpa vino de mi padre. Recuerdo cómo me maltrató, cómo mi madre me ignoró, y los familiares se volvieron crueles conmigo. Mi situación en la casa cambió de niño adorado a uno aborrecido por todos.

No inicié el fuego intencionalmente. ¡Yo no era un pirómano! Si haber iniciado el fuego se consideraba un crimen, ¿no he pagado ya el precio durante los últimos siete años por haberlo cometido?

Aunque me las arreglé para salir del "fondo del mar" y ver la luz, mi vida ha sufrido muchos trastornos y desafortunadas consecuencias desde aquella época temprana. La gente siempre dice: "Si crees en ti mismo, todo es posible". Pero en mi caso siempre tuve dudas de mí mismo. Mi falta de confianza reforzaba mis sentimientos de nunca tener buena suerte. En otras palabras, simplemente no creía que me pudieran ocurrir cosas buenas.

Al final, fue El Secreto *lo que me abrió el corazón. Durante todos estos años me acosaban la ira y mi incapacidad de perdonar a esas personas. Pero, ¿acaso los lastimó mi ira? No.* El Secreto *tiene razón. Si sientes ira y odio y pensamientos negativos hacia la gente, todo eso te regresa para hacer daño a nadie más que a ti. Y si no dejas ir el pasado, traes literalmente más obstáculos a tu vida.*

Según El Secreto, *lo que hay que hacer es perdonar.*
Quiero perdonar a mi padre y a todo el que me lastimó,
intencionalmente o no. He comenzado a pensar cosas
buenas de esas personas. Los resultados son obvios: yo
nunca habría venido a este mundo sin mis padres, y nunca
habría tenido la oportunidad de verme rodeado de las
personas increíbles que conozco hoy. Mi madre trabajó día
y noche para ganar cada centavo con qué criar a sus seis
hijos cuando mi padre falleció. ¡Te quiero, Mamá!

Inevitablemente, El Secreto *ha ejercido una gran in-*
fluencia en mi vida. A través de ese libro comprendí cuán
poderosos son nuestros pensamientos, y cómo podemos
cambiar las cosas si cambiamos nuestros pensamien-
tos. El Secreto *me ha dado una guía para hallar la llave*
con que abrir los verdaderos secretos que habitan en mi
corazón. Lo cual permitirá que una abundancia de pros-
peridades me invadan.

KC
Florida, EE.UU.

EL SECRETO ELEMENTAL

A veces, si quieres dejar ir el pasado y sentirte bien,
necesitas alterar ciertas cosas mediante una transformación personal. Pero a diferencia de las transformaciones
físicas que vemos en programas de televisión, aquí no
estamos hablando de cambios cosméticos, un nuevo pei-
nado, un cuerpo más esbelto o siquiera ropas nuevas.
Esto tiene que ver con tus vibraciones y cómo trans-

formar la manera de sentirte por dentro. Y, como toda transformación, hay que deshacerse de lo viejo y darle entrada a lo nuevo.

Lo primero que necesitas hacer es echar al basurero todas esas percepciones autoderrotistas que comienzan con "No puedo" o "Yo no" o "Yo nunca", el tipo de frases que se utilizan en "No puedo hacer eso" o "No soy lo suficientemente fuerte para eso" o "Nunca voy a ser lo suficientemente rico para poder comprar eso". Necesitas deshacerte de esos pensamientos y remplazarlos exactamente con lo contrario.

Es ahí donde entran las **afirmaciones**. Las afirmaciones son como esas declaraciones de misión que te repites a ti mismo una y otra vez hasta asumirlas y convertirlas en hábito. Son declaraciones afirmativas expresadas en tiempo presente, presentando la misión ya como una realidad.

> *"Soy el mejor. Dije eso aun antes de saber que lo era".*
> Muhammad Ali, campeón de boxeo

Ahí tenemos un consejo contundente. La primera palabra, "Soy", es la palabra más poderosa que vas a usar en tu vida. Porque cualquier cosa que venga después es lo que te toca a ti crear. Así que si quieres dejar atrás tus pensamientos autoderrotistas ir encontra de toda esa onda negativa, debes decidir lo que tú verdaderamente deseas y colocar la palabra "Soy" delante. Aquí van algunos ejemplos que tal vez quisieras utilizar:

- Soy único y valioso.

- Soy bello por dentro y por fuera.

- Soy una fuente de magníficas ideas.

- Soy extremadamente creativo.

- Soy capaz de hacer cualquier cosa que me proponga.

- Soy saludable y fuerte y perfecto tal como soy.

- Soy confiado y siempre sé lo que hay que decir y hacer.

Puedes probar escribiendo siete afirmaciones cada día inmediatamente después de hacer tus listas de agradecimientos presentes y pasados. Aunque repitas las mismas afirmaciones cada día o se te ocurran algunas nuevas, asegúrate de que sean genuinas siempre y que te motiven y coincidan con tus vibraciones. Y léelas en voz alta, preferiblemente frente a un espejo. Conviértelas en un desafío, en tu código de conducta, un principio bajo el cual vivir cada día.

Una vez que tengas tus afirmaciones, es hora de darles una sobrecarga. Las afirmaciones son buena onda. Pero, si realmente quieres darles énfasis, trata también de visualizarlas. Imagínate a ti mismo siendo único y brillante o bello o fuerte. Imagina lo que sentirías si de veras lograras tu visión: vivir y caminar y *ser* tu afirmación. Entonces estarás realmente en la senda de crear el perfecto **TÚ**.

CUÁN PERFECTO

Pues bien, ¿quieres oír algo loco?

Considera lo siguiente: Jesús, Buda, Confucio, Mahoma – los ilustrados mesías de todas las religiones – están todos de acuerdo en que *TÚ* ya eres perfecto. *TÚ* eres divino.

Eres como un dios con forma humana. Eres un genio. Tienes acceso al Matrix. Y puedes crear cualquier cosa que decidas.

> *Tú eres todo poder. Tú eres todo sabiduría. Tú eres todo inteligencia. Tú eres perfección. Tú eres magnificencia. Tú eres el creador, y estás creándote a Ti mismo en este planeta.*

Rhonda Byrne

EL SECRETO

Es cierto. Tienes la capacidad más poderosa de crear. Es más, en este preciso momento estás creando arte. Estás creando una historia magnífica. Estás creando vida... tu propia vida *SECRETA.*

EL SECRETO Y LA VIDA

BIENVENIDO AL BUEN VIVIR

Si quieres vivir la vida de tus sueños, si quieres que cada día parezca una aventura, si quieres amor y felicidad que te duren el resto de tus días, entonces tiene mucho sentido que averigües por qué estás en este planeta, en este sitio, en este preciso momento. Saber cuál es el plan, cuál es el propósito de tu vida.

Quizás hayas pensado sobre estos monumentales conceptos en uno u otro momento de tu vida, o quizás no. Pero hay algo que sí es seguro: si has estado esperando que algún gurú te lo explique con lujo de detalles, vas a quedarte esperando mucho tiempo.

La cuestión es que ya no vives en Kansas, como Dorothy (la niña en la historia de *El Mago de Oz*). ¿Y quieres saber algo? No hay caminitos de ladrillos amarillos, y ciertamente no existe ese mago escondido detrás de una cortina que pueda orientarte. Así que vas a tener que descifrarlo todo tú solo.

Pero es verdaderamente simple este misterio que ha intrigado a la gente durante miles de años. ***EL SECRETO*** de la vida es el siguiente:

ESTÁS AQUÍ PARA DIVERTIRTE

¡Eso! No hay complicación. Tu principal obligación es disfrutar.

> *"Se supone que la vida sea divertida y gozosa y plena de realizaciones".*
> Jim Henson, creador de los Muppets

Dicho de otro modo:

> *"Creo que el verdadero propósito de la vida es buscar la felicidad".*
> Dalai Lama, líder espiritual

¿Qué más necesitas para convencerte? El líder espiritual del budismo tibetano y la voz de la Rana René están de acuerdo: el propósito de la vida es divertirte, buscar la felicidad, ser feliz. Ése es tu único y total propósito en la vida.

A menudo la gente confunde el propósito de su vida con el trabajo, el negocio familiar, la carrera planeada de antemano, la educación, o las expectativas de los demás. Y eso conduce a la infelicidad, que es claramente lo contrario de tu propósito en la vida.

Pero si el Dalai Lama y Jim Henson están diciendo la verdad, y el propósito de tu vida realmente es simplemente divertirte y ser feliz, entonces tienes la responsabilidad de divertirte, ser feliz y hacer brillar la luz de tu entusiasmo sobre el mundo. Tu jornada, tu rumbo en la vida, tu razón de levantarte de la cama cada mañana, debe ser lo que *TÚ* decidas, lo que tú escojas. Por tanto, ¿por qué no escoger las cosas que te hacen sentir bien, que te excitan, que te hacen feliz?

Si te sientes bien, la felicidad te hará atraer más experiencias y sentimientos de felicidad. Y a través de esas experiencias que has atraído será contundentemente obvio lo que más te gusta hacer en la vida.

Pronto encontrarás esa cosa especial que ansías con anticipación. La cosa que te hará circular la adrenalina, que te acelerará la respiración y la mente. Si encuentras *eso*, disfrutarás de una vida llena de propósito y pasión.

> *"Todo lo que tienes que hacer es ser apasionado y entusiasta, y tendrás una vida maravillosa".*
> Steve Irwin, el Cazador de Cocodrilos

¿Recuerdas dónde comenzó esta jornada, cuando hiciste aquella lista de tus cosas favoritas, las cosas que te interesan? ¿Y cuando después las redujiste a tres para establecer el propósito, la pasión y la motivación en tu vida?

Revísalas y trata de hacer lo mismo otra vez, ahora que sabes que puedes ser, hacer o tener todo lo que deseas.

. . . . . .

¿Ha cambiado algo? ¿Tienes mayor claridad ahora sobre lo que quieres hacer con tu vida? ¿Sobre lo que es tu pasión?

Lo increíble es que, según vas descubriendo tu pasión y te dedicas a lograrla, todo lo demás encontrará su lugar y tu camino se alumbrará delante de tus propios ojos. La ley de atracción traerá un montón de cosas buenas, personas, circunstancias y oportunidades a tu vida, todo porque ahora estás conectado con tus propias vibraciones.

Y lo que vas a encontrar también es que tu pasión es la clave de tus vibraciones y tu felicidad. Por ejemplo, si alguna vez te encuentras frustrado, enojado o infeliz, seguramente no estás haciendo lo que has identificado como tu pasión. Es más, tu frustración probablemente sea una señal de que no se te está permitiendo ejercer tu pasión. Así que tu meta es eliminar esos obstáculos para retomar el camino en sincronización con tu pasión. La felicidad vendrá detrás.

> *"La pasión es lo que hace girar el mundo".*
> Ice-T, cantante de hip-hop y actor

Conocer tu pasión también puede ayudarte si te sientes presionado por otras personas para emprender cierto rumbo en tu vida – solicitar ingreso en determinada universidad, estudiar un tema en particular, formar parte de cierta profesión, incorporarte a cierto club o grupo social, practicar un deporte o un instrumento musical o un estilo de vida o religión – que no sea lo que te interesa.

LA OPCIÓN ADOLESCENTE

Muchas veces estas opciones que otras personas tratan de imponerte, aunque bien intencionadas, probablemente no te entusiasman ni te apasionan de manera particular. He ahí una clave. Te está comunicando algo. Claro, escucha las ideas y opiniones de la gente, pero al final toma tu propia decisión y escoge lo que te entusiasma a *TI*.

Porque la cuestión es ésta: nadie se ha destacado nunca haciendo lo que no disfruta. Pregúntale a Reese Witherspoon, que se ganó un Oscar. Los padres de Reese eran ambos profesionales de la medicina. Y se presumía que ella también entraría en el campo de la medicina. Pero su pasión era actuar. Es por eso que ella se destaca frente a una cámara, y por lo que casi con toda seguridad NO habría sido una buena doctora. No porque no fuera lo suficientemente inteligente, sino por su pasión. En su discurso para aceptar el premio de la Academia, Reese resumió su filosofía diciendo: *"Estoy simplemente tratando de significar algo, vivir una buena vida y trabajar en algo que tenga importancia para alguien"*.

Parece ser una ambición razonable.

EL PODER DE UNA PERSONA

Cuando escogiste este libro por primera vez y comenzaste esta jornada, tal vez no sabías exactamente lo que querías hacer con tu vida... Acaso porque te habían arrebatado los sueños. Tal vez habías dejado de creer en la esperanza y los sueños y los milagros. A lo mejor habías dejado de creer en **TI**.

Pero ahora que conoces **EL SECRETO**, puedes lograr cosas que puedes haber considerado imposibles. O cosas que pensaste que *otra* gente podía lograr pero no tú. Tienes el poder y la capacidad de tener cualquier cosa, hacer cualquier cosa, y ser cualquier cosa que decidas. Todo depende de ti.

Lo que hagas con ese poder depende totalmente de ti. Está en tus manos. Si decides utilizarlo o no, es totalmente algo que sólo tú puedes decidir, y será bueno de un modo u otro. Cualquier cosa que escojas será lo mejor para **TI**.

> *"Cuando te des cuenta de lo perfecto que es todo,*
> *levantarás la cabeza y te reirás del cielo".*
> Buda, maestro espiritual

Este momento en la historia del mundo – precisamente el aquí y el ahora – es el momento más fabuloso que se ha vivido. Considera lo siguiente: vas a ver lo imposible convertirse en posible en cada área de la actividad humana, incluyendo los deportes, la salud, el mundo del espectáculo, las artes, la tecnología y la ciencia. Renuncia a todos tus pensamientos de limitaciones y dudas, y experimentarás en su totalidad el ilimitado potencial de la humanidad. Y, por supuesto, **EL TUYO** también.

El Secreto está dentro de ti. Y mientras más uses el poder que llevas dentro, más lo atraerás hacia ti. Llegará el momento en que no necesitarás practicar más, porque tú Serás el poder, Serás la perfección, Serás la sabiduría, Serás la inteligencia, Serás el amor, Serás la felicidad...

La Tierra gira en su órbita para Ti. Las mareas suben y bajan para Ti. Los pájaros cantan para Ti. El sol sale y se pone para Ti. Las estrellas salen para Ti. Cada cosa bella que veas, cada experiencia maravillosa que tengas, todo está ahí para Ti. Mira alrededor. Nada puede existir sin Ti. No importa quién pensabas que eras, ahora conoces la Verdad Sobre Quien Eres Realmente. Eres el amo y señor del Universo. Eres el heredero del reino. Eres la perfección de la Vida. Y ahora conoces El Secreto.

Rhonda Byrne

EL SECRETO

De modo que ahora que conoces **EL SECRETO** y has comenzado a vivir **EL SECRETO** debes apreciar exactamente lo importante y especial que realmente eres. Acepta que eres el futuro y guiarás el camino. Y ten conciencia de que en los años futuros la gente mirará hacia atrás y dirá: "Esa fue la generación que lo descifró todo y logró un nuevo entendimiento. Ésa fue la generación que halló las respuestas".

El mundo será un mejor lugar porque te atreviste a soñar. Y mejor aún, has comenzado a vivir esos sueños para *TI*.

El poder de *EL SECRETO* vive para siempre en *TI*.